JEDER KANN

MIT **AKTIEN** EIN VERMÖGEN

AUFBAUEN

Aktien und ETFs für Einsteiger.
Was Anfänger für den erfolgreichen Start an der Börse wissen müssen.

JAKOB F. HORSTMANN

FORTUNESCAPE

FORTUNESCAPE

Druck: Amazon EU S.à.r.l., 38 Avenue John F. Kennedy, L-1855, Luxembourg oder verbundenes Unternehmen.

ISBN Taschenbuch: 978-3-00-069918-4

Inhalt

Vorwort

Noch ein Buch über Aktien?

Als ich anfing mich für die Börse zu interessieren, fehlte mir eine Lektüre, die die wesentlichen Informationen zu den Themen „Aktien“ und „Börse“ kompakt und leicht verständlich erklärte. Die meisten Bücher waren mir entweder zu oberflächlich, zu detailliert oder zu theoretisch. Um schnellstmöglich loslegen zu können, brauchte ich ein „Starterset“ getreu dem Motto „so viel wie nötig, so wenig wie möglich“ an Informationen.

Das Buch, das ich nie hatte

Dieses Buch ist anders: Kein unendlich langer, langweiliger Roman, aber auch kein dünnes Heftchen ohne jeglichen Tiefgang. Der Anspruch dieser Lektüre ist es, Ihnen das erforderliche Werkzeug zu geben, um eigenständig fundierte Entscheidungen an der Börse treffen zu können und mit langfristigen Investments ein Vermögen aufzubauen.

Zusammen beantworten wir Fragen wie: „Was ist eine Aktie?“ „Wie entsteht ein Kurs?“ „Wie kann ich mit Aktien Geld verdienen?“ „Woran erkenne ich, ob eine Aktie günstig oder teuer bewertet ist?“ „Welche Kennzahlen sollte ich beachten?“ „Wie lese ich Aktiencharts?“ „Was sind die wichtigsten Regeln für erfolgreiches Investieren?“ „Welche Anlagestrategien gibt es und wie stelle ich ein krisensicheres Portfolio zusammen?“

Im Abschnitt ETF-Spezial lernen Sie alles, was Sie als Einsteiger zum Thema ETFs wissen müssen: „Was ist ein ETF und was sind seine wichtigsten Merkmale?“ „Wie lassen sich verschiedene ETFs miteinander vergleichen?“ „Wie wähle ich geeignete ETFs aus und wie baue ich ein langfristig erfolgreiches ETF-Portfolio auf?“ Darüber hinaus besprechen wir konkrete, einfach umzusetzende Anlageideen mit ETFs.

Seit meinem Start an der Börse habe ich vieles durch Ausprobieren gelernt und dabei einiges an Lehrgeld gezahlt. Ich hoffe Ihnen mit diesem Buch einen gewissen „Vorsprung“ geben zu können, um von Anfang an die richtigen Entscheidungen zu treffen.

Viel Spaß beim Lesen und Lernen!

Kapitel 1

Grundlagen

Warum sollte ich in Aktien investieren?

Wenn Sie das hier lesen, haben Sie den Entschluss gefasst Ihr Geld nicht länger risikolos, aber auch ertraglos auf dem Sparkonto dahinsiechen zu lassen. Sie wollen endlich in erfolgreiche Unternehmen investieren und Ihr Kapital für sich arbeiten lassen. Herzlichen Glückwunsch!

Sie haben noch Zweifel und Angst ihr Geld zu verlieren?

Räumen wir zunächst einige Vorurteile aus dem Weg:

1. **„Aktien sind nur etwas für Reiche.“** Falsch! Schon mit Summen deutlich unter 50 € können Sie heutzutage Aktien und andere Wertpapiere handeln.
2. **„Aktien sind nur etwas für Profis.“** Das stimmt nicht! Zwar benötigen Sie ein gewisses Vorwissen, jedoch keinen Doktortitel, um an der Börse Erfolg zu haben. Die nötigen Grundlagen erlernen Sie in diesem Buch.
3. **„Wertpapiere wie Aktien sind viel zu riskant“.** Unsinn! Geschenke gibt es nirgendwo und Aktien bergen immer ein gewisses Risiko. Zwar sind die Kursverläufe der meisten Wertpapiere volatiler als die Wertentwicklung Ihres Sparguthabens, jedoch gibt es Mechanismen die Risiken eines Aktionärs auf ein erträgliches Maß zu bringen. Auch das besprechen wir in diesem Buch.

Dass es möglich ist an der Börse systematisch langfristige Gewinne zu erzielen, zeigt uns ein Blick in die Vergangenheit. Betrachten wir dazu den MSCI World: Der MSCI World ist einer der meistbeachteten Aktienindizes und umfasst einen Korb aus etwa 1.600 verschiedenen Aktien aus 23 verschiedenen Industrieländern. Als sehr breit gestreuter Index, bestehend aus den größten Aktien der Welt, ist der MSCI World somit ein geeignetes Maß zur Beurteilung der historischen Entwicklung der weltweiten Aktienmärkte.

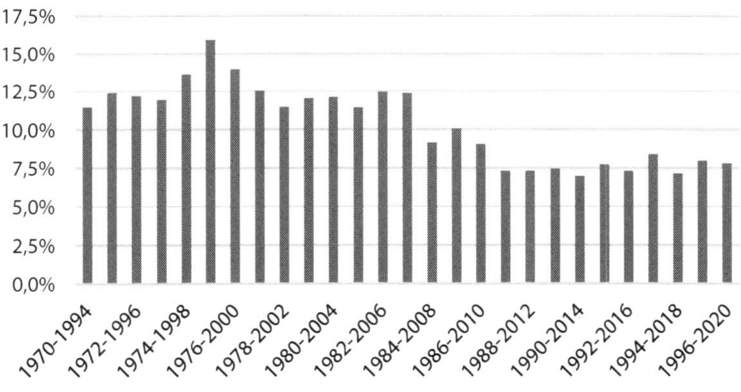

Abbildung 1: Jährliche Durchschnittsrenditen des MSCI World für verschiedene 25-Jahres-Zeiträume zwischen 1970 und 2020[1]

In Abbildung 1 sehen wir die jährliche Durchschnittsrendite des MSCI World über verschiedene Zeiträume von jeweils 25 Jahren zwischen 1970 und 2020. Auffällig ist, dass die 25-jährige Durchschnittsrendite, egal welchen Zeitraum wir betrachten, immer positiv ist. Gleichzeitig sehen wir, dass die niedrigste dieser Durchschnittsrenditen bei immerhin fast 7% lag. Anleger, die beim Einstieg den besten 25-Jahres-Zeitraum erwischt haben,

[1] Eigene Darstellung. Datenquelle: MSCI (2021). Rendite inkl. reinvestierter Dividenden unter Außerachtlassung von Steuern und Gebühren.

konnten sich im jährlichen Durchschnitt sogar über eine Wertsteigerung von fast 16% freuen. Zum Vergleich: Welchen Zinssatz zahlt Ihnen Ihre Bank auf Ihr Guthaben?

25 Jahre sind Ihnen zu lang?

Auch in kürzeren Anlagezeiträumen konnten Anleger in der Vergangenheit beachtliche Renditen mit akzeptablem Risikoniveau erzielen. In Tabelle 1 werden die Erträge von Investitionen in denselben Index über Anlagehorizonte von jeweils 1, 5, 10, 15, 20 und 25 Jahren dargestellt. Wir sehen, dass für all diese Zeiträume die Mittelwerte der jährlichen Durchschnittsrenditen bei etwa 10% liegen.

Tabelle 1: Durchschnittliche Renditen des MSCI World zwischen 1970 und 2020 für verschiedene Anlagedauern[2]

Jahr	Annualisierte Rendite im Durchschnittsanlagezeitraum n Jahr(e)					
	1 Jahr	5 Jahre	10 Jahre	15 Jahre	20 Jahre	25 Jahre
Maximum	42,8%	28,0%	19,9%	18,6%	15,9%	15,9%
Minimum	-40,3%	-2,0%	-0,2%	3,6%	4,9%	6,9%
Mittelwert	11,3%	9,9%	10,1%	10,3%	10,2%	10,3%

Gleichzeitig zeigt die Auswertung, dass die maximalen und minimalen Renditen bei kürzeren Investitionsdauern stärker schwanken als bei längeren Anlagehorizonten: So lag die Rendite im schlechtesten Jahr zwischen 1970 und 2020 bei gruseligen -40,3%. Der maximale Jahresgewinn betrug hingegen satte 42,8%. Gleichermaßen ist zu erkennen, dass die Schwankungsbreite zwischen Maximal- und Minimalrendite mit steigender Anlagedauer zusehends abnimmt. Insbesondere die minimalen Durchschnittsrenditen bewegen sich mit steigendem Investitionszeitraum schnell gegen null bzw. ins Positive: Bereits bei

[2] Siehe Fußnote 1

einer Haltedauer von 5 Jahren liegt die schlechteste Durchschnittsrendite aus 50 Jahren bei nur -2,0% und bei 10 Jahren sogar nur noch bei -0,2% pro Jahr. Ab einem Anlagehorizont von 15 Jahren waren die mittleren Renditen sogar bei Markteinstieg zum ungünstigsten Zeitpunkt noch positiv. Nicht schlecht, oder?

Klartext

Egal zu welchem Zeitpunkt Anleger in den letzten 50 Jahren in den MSCI World investiert haben, bei einer Haltedauer von 15 Jahren oder länger konnten sie in jedem Fall Gewinne erzielen. Im Mittel lag die Rendite für diesen Investitionszeitraum bei über 10% pro Jahr.

Hohe Renditen trotz Börsencrashs

Die starken Wertentwicklungen sind umso bemerkenswerter vor dem Hintergrund, dass zwischen 1970 und 2020 gleich zwei große Crashs stattgefunden haben: Das Platzen der Dotcom-Blase um die Jahrtausendwende sowie die Immobilien- und Finanzkrise ab dem Jahr 2008.

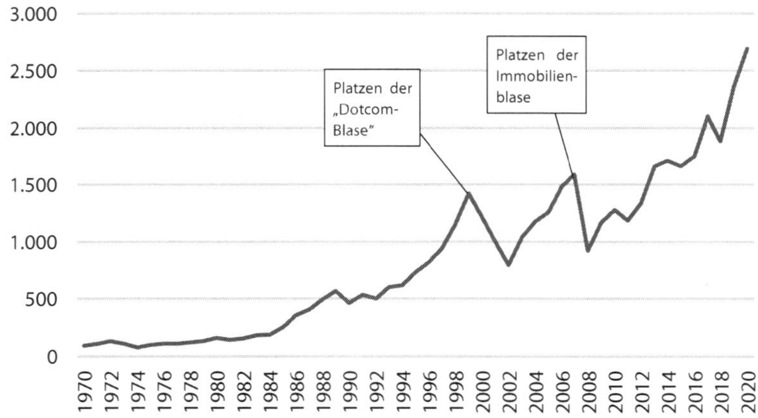

Abbildung 2: Kursverlauf des MSCI World in Punkten zwischen den Jahren 1970 und 2020[3]

Langfristige Anlage bietet das beste Chance-Risiko-Verhältnis

Die Vergangenheit lehrt uns also Folgendes: Je länger der Anlagehorizont, desto geringer die Wahrscheinlichkeit an der Börse Verluste zu erleiden. Natürlich gilt dies nur unter bestimmten Voraussetzungen. Es gibt keine Garantie, dass Sie am Aktienmarkt tatsächlich positive Renditen erzielen werden. Mit Pech und durch schlechte Entscheidungen können Sie (sogar langfristig) viel Geld verlieren. Ob die kommenden 50 Jahre ähnlich

[3] Siehe Fußnote 1

verlaufen werden wie die vergangenen, steht ebenfalls in den Sternen. Trotz alledem sind die starken historischen Renditen für mich Grund genug auch in Zukunft von langfristigen Kursgewinnen auszugehen und weiterhin auf Aktien zu setzen.

Durch systematisches Vorgehen und die Einhaltung einiger wesentlichen Regeln, können Sie Ihre Risiken minimieren und so von der langfristigen Entwicklung der Aktienmärkte profitieren. In diesem Buch erfahren Sie, was Sie bei der Investition in Aktien beachten sollten, woran Sie eine günstig bewertete Aktie erkennen und wie Sie von Trends profitieren können. Im Anschluss werden Sie in der Lage sein eigenständig fundierte Kaufentscheidungen zu treffen. Das Ziel: Investiert zu sein und auch in schwächeren Börsenphasen gut schlafen zu können.

Investieren vs. Trading

Die Börse hat einen schlechten Ruf. Einige Leute bezeichnen Sie als Kasino und Aktien als wilde Zockerei. Fakt ist hingegen: Unter bestimmten Voraussetzungen bieten Aktien Chancen auf hohe Renditen bei überschaubarem Risiko. Nichtsdestotrotz gibt es an der Börse eine Fülle an Möglichkeiten sein Geld extremen Risiken auszusetzen und dabei viel zu gewinnen oder auch alles zu verlieren. *Investieren* und *Trading* sind zwei verschiedene Ansätze, die beide das Ziel verfolgen an den Börsen Gewinne zu erzielen. Doch was sind die Unterschiede und welche Vorgehensweise eignet sich für Anfänger am besten?

Was ist Investieren?

Ein *Investor* verfolgt das Ziel über einen längeren Zeitraum hohe Renditen zu erzielen. Investments wie Aktien, klassische Fonds,

ETFs oder Anleihen werden typischerweise über Jahre oder Jahrzehnte hinweg gehalten. Solche Anleger wollen vom langfristigen Wachstum der Märkte profitieren und investieren häufig für Ihre Altersvorsorge oder finanzielle Unabhängigkeit.

Während der (unweigerlichen) Schwankungen der Märkte, sitzen Investoren Verlustphasen häufig aus, bis sich die Kurse wieder erholen. Diese Strategie wird auch als *buy and hold* bezeichnet. Langfristige Anleger versuchen möglichst „günstige" Aktien zu finden in dem Sie potenzielle Investments auf fundamentale Daten wie Gewinnentwicklung, Cash Flow oder andere Kennzahlen untersuchen und miteinander vergleichen (s. Kapitel Fundamentalanalyse).

Der Vermögenszuwachs eines Investors ergibt sich hauptsächlich aus Wertsteigerungen und Dividendenzahlungen, wie wir später noch ausführlich besprechen werden. Einen großen Beitrag zum langfristigen Vermögensaufbau leistet der Zinseszinseffekt.

Zinseszinseffekt und Anlagedauer

Der Zinseszins ist die Zinszahlung auf bereits erhaltene Zinsen. Anleger, die ihre Erträge konsequent wieder anlegen erhalten nicht nur auf das ursprünglich investierte Kapital, sondern auch auf die davon abgeworfenen Zinsen weitere Zinszahlungen. Dieser Effekt ist in seiner Schlagkraft nicht zu unterschätzen und steigt beträchtlich mit der Anlagedauer.

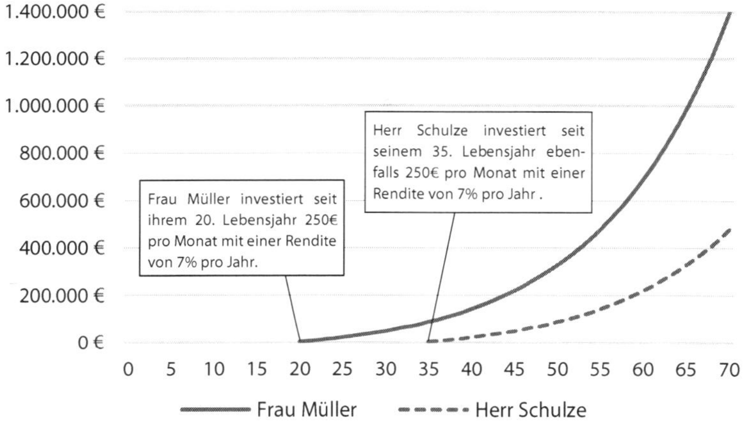

Abbildung 3: Einfluss der Anlagedauer und des Zinseszinses auf das Gesamtvermögen

Im Beispiel in Abbildung 3 hat Herr Schulze mit 35 Jahren begonnen monatlich 250€ mit einer Rendite von 7% pro Jahr anzulegen. Bis zum Ende seines 70. Lebensjahres ist sein Vermögen auf beinahe 500.000€ angewachsen. Frau Müller investiert monatlich denselben Betrag zu denselben Konditionen. Im Unterschied zu Herrn Schulze hat Sie jedoch bereits im Alter von 20 Jahren damit begonnen. Mit der Vollendung ihres 70. Lebensjahres beträgt Frau Müllers Kapital stolze 1,4 Mio. €. Die Moral von der Geschicht ist denkbar einfach: Je früher Sie anfangen zu investieren, desto besser! Denn: Im Vergleich zu einfachen Zinszahlungen, ermöglichen Zinseszinsen exponentielle, also mit der Zeit immer steiler ansteigende, Vermögenszuwächse.

Was ist Trading?

Trading (auch *Daytrading*, dt. wörtlich *Tageshandel*) bezeichnet das kurzfristige bzw. tägliche Handeln mit Aktien oder anderen Finanzprodukten. *Trader* versuchen sowohl von steigenden als auch von fallenden Preisen zu profitieren. Ihr Anlagehorizont ist deutlich kürzer, i.d.R. Stunden, Tage oder Wochen. Sie versuchen also häufigere (oft kleinere) Gewinne zu erzielen. Durch die vielen Transaktionen ist Daytrading ist eine äußerst zeitintensive Art, um an der Börse Geld zu verdienen. Um als Trader erfolgreich zu sein, ist es daher kaum möglich nebenbei einer anderen Beschäftigung nachzugehen.

Trader profitieren von Kursschwankungen und handeln häufig gehebelte Produkte, die sich auf einen Basiswert (z.B. Aktie X) beziehen, deren Kursentwicklung jedoch mit einem vielfachen Hebel nachbilden. So können Sie in kürzester Zeit viel gewinnen, aber auch alles verlieren. Trader nutzen Charttechnik, um Muster bzw. Formationen in den Kursverläufen von z.B. Aktien zu erkennen. Bestimmte Muster generieren Kauf- bzw. Verkaufssignale und geben Aufschluss über mögliche kurzfristige Kursentwicklungen. Unter professionellen Händlern wie Banken oder Versicherungen spielt Trading eine große Rolle. Da beim Trading Fundamentaldaten häufig gänzlich außer Acht gelassen werden, kann dies durchaus als Spekulation bezeichnet werden.

Merke!

Investoren verfolgen eine langfristige Strategie, um von steigenden Aktienkursen zu profitieren. Oft investieren Sie für Ihre Altersvorsorge oder finanzielle Unabhängigkeit. Sie halten Ihre Positionen meist Jahre oder Jahrzehnte und sitzen kurzfristige Verluste aus.

Trader hingegen versuchen von schwankenden Märkten zu profitieren und durch Spekulationen kurzfristige Gewinne zu erzielen. Sie führen deutlich häufiger Transaktionen aus und setzen dabei oft mit Hebel auf steigende oder fallende Kurse.

Bevor Sie weiterlesen: Dieses Buch ist ausdrücklich für Investoren gedacht, die an der Börse langfristige Gewinne erzielen möchten. Sollten Sie Daytrader werden wollen, ist dies wahrscheinlich nicht die richtige Lektüre für Sie.

Was ist eine Aktie?

Eine Aktie ist ein verbrieftes Wertpapier, das ihrem Inhaber einen Anteil am Eigentum des ihr zugrundeliegenden Unternehmens sichert. Im Klartext heißt das: Wenn Sie eine Aktie kaufen, werden Sie (Teil-)Eigentümer eines Unternehmens. Mit dem langfristigen Erfolg des Unternehmens steigt und fällt der Wert Ihrer Aktie. Als Aktionär können Sie mit Ihrer Investition Geld verdienen, indem Sie von Kurssteigerungen profitieren und regelmäßige Dividendenzahlungen erhalten (mehr dazu auf S. 26).

Welche Rechte habe ich als Aktionär?

Neben Eigentumsrechten erhalten Sie durch den Aktienerwerb i.d.R. Stimmrechte. Diese ermöglichen Ihnen die Beeinflussung bestimmter Entscheidungen auf der Hauptversammlung des Unternehmens, wie z.B. über die Höhe der Dividende. Die Stimmrechte verhalten sich proportional zu den Anteilen, die Sie besitzen. D.h. je mehr Aktien eines Unternehmens Sie besitzen, desto größer ist Ihr Mitspracherecht.

Wie werden Aktien gehandelt?

Unternehmensaktien werden an der *Börse* gehandelt. Die Börse ist also der Markplatz auf dem Aktien (und andere Wertpapiere) ge- und verkauft werden können. Dabei ist die Bezeichnung „die Börse" strenggenommen nicht korrekt. Vielmehr existieren weltweit etwa 60 große Börsen[4], wie z.B. die New York Stock Exchange, die Stock Exchange of Hong Kong oder die Deutsche Börse in Frankfurt.

Warum gehen Unternehmen an die Börse?

Die Vorteile für Aktionäre haben wir bereits besprochen. Doch wie profitieren Unternehmen von einem Börsengang? Um wachsen zu können, also z.B. für Investitionen in neue Maschinen, benötigen Unternehmen Geld (Kapital). Dieses können sie sich entweder über Kredite (Fremdkapitalfinanzierung) oder durch die Ausgabe von Aktien (Eigenkapitalfinanzierung) beschaffen. Wenn ein Unternehmen groß genug ist (und einige weitere Voraussetzungen erfüllt), ist es berechtigt an die Börse zu gehen. Beim Börsengang werden die Eigentumsrechte eines Unternehmens gestückelt, auf Aktien aufgeteilt und an Investoren verkauft.

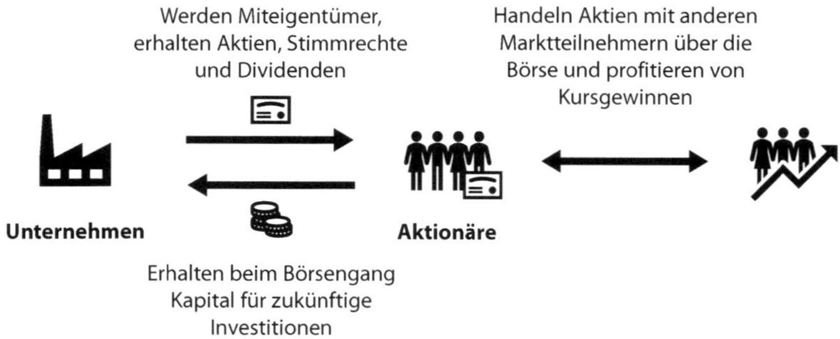

Abbildung 4: Wie Aktionäre und Unternehmen von Aktien profitieren[5]

Die Ausgabe von Aktien hat für Unternehmen also den Vorteil, dass keine Schulden aufgenommen werden müssen und somit

[4] Quelle: IG Group (2021)

[5] Eigene Darstellung nach U. Wiehle et. al (2005). Finanzprodukte für Privatanleger.

weder Zinsen noch Tilgungszahlungen an die Bank fällig werden. Diese erstmalige Ausgabe von Aktien eines Unternehmens wird Börsengang bzw. auch *IPO* (engl. *initial public offering*) genannt und findet am sog. *Primärmarkt* statt. Beim Börsengang erhält das Unternehmen direkt den Erlös der verkauften Aktien.

In den meisten Fällen werden Sie als Anleger nicht direkt mit dem Unternehmen handeln, dessen Aktie Sie kaufen möchten. Fast all Ihre Käufe und Verkäufe werden über den sog. *Sekundärmarkt* stattfinden, also mehr oder weniger direkt zwischen Ihnen und anderen Marktteilnehmern (andere Aktionäre). Ihr *Broker*, d.h. Ihre Depotbank oder Onlinebroker, bei der bzw. dem Sie Ihr *Depot*[6] haben, ist dabei Ihr Mittelsmann. Die Erlöse aus dem Verkauf von Aktien auf dem Sekundärmarkt gehen dann nicht direkt an das Unternehmen, sondern an den Verkäufer der Aktie. Dennoch profitieren auch die Unternehmen von höheren Preisen: Höhere Kurse steigern den Unternehmenswert und den Bekanntheitsgrad. Obendrein schützen sie vor feindlichen Übernahmen[7].

Welchem Risiko bin ich als Aktionär ausgesetzt?

Das schlimmste, was Ihnen als Aktionär passieren kann ist die Insolvenz des zugrundeliegenden Unternehmens und ein damit einhergehender möglicher Totalverlust Ihres eingesetzten Kapitals. Die gute Nachricht ist jedoch, dass Ihre Haftung auf Ihr

[6] Ein Depot ist vergleichbar mit Ihrem Bankkonto. Es ist das Konto, auf dem Ihre Aktien (und andere Wertpapiere) verwahrt werden und über das Sie Käufe und Verkäufe abwickeln können.

[7] Eine feindliche Übernahme ist der Kauf einer großen Anzahl von Unternehmensaktien durch einen Wettbewerber mit dem Ziel des Machtausbaus und Einflussnahme.

eingesetztes Kapital beschränkt ist. Weitere Risiken und wie Sie diese minimieren können besprechen wir auf S. 52 ff.

Was ist der Unterschied zwischen Stamm- und Vorzugsaktien?

An der Börse wird teilweise zwischen verschiedenen Aktiengattungen unterschieden. Die gängigsten Formen sind *Stamm-* und *Vorzugsaktien*. Diese unterscheiden sich häufig in der Höhe der Dividende, dem Stimmrecht und gelegentlich auch in dem Anspruch auf Liquidationszahlungen im Falle einer Insolvenz (vgl. S. 68).

Tabelle 2: Häufige Unterschiede zwischen Stammaktien und Vorzugsaktien

	Stammaktien	Vorzugsaktien
Anspruch auf Dividendenzahlungen	ja	höhere Dividende
Stimmrechte	ja	nein
Anspruch auf liquidierte Vermögenswerte bei Insolvenz	nach Gläubigern und Vorzugsaktionären	vor Stammaktionären

Die Volkswagen AG macht z.B. eine solche Unterscheidung. Daher finden sich an der Börse die beiden Aktien „Volkswagen ST" (Stammaktie) und „Volkswagen VZ" (Vorzugsaktie). Bei vielen Unternehmen sind jedoch alle Aktien gleichgestellt und der Zusatz Stamm- bzw. Vorzugsaktie entfällt.

Wie entsteht ein Aktienkurs?

Der Kurs (Preis) einer Aktie entsteht durch Angebot und Nachfrage. Wenn mehr Käufer als Verkäufer vorhanden sind, steigt ihr Kurs. Will hingegen die Mehrheit der Anleger ihre Aktien veräußern, fällt der Kurs.

Die Kauf- und Verkaufsangebote aller Marktteilnehmer werden pro Aktie in einem sog. *Orderbuch* festgehalten (s. Abbildung 5). Auf der linken Seite stehen die Kaufgebote, genannt *Bid* bzw. *Geld*, absteigend sortiert nach dem *Limit*[8]. Auf der rechten Seite stehen die Verkaufsangebote, genannt *Ask* bzw. *Brief*, aufsteigend sortiert nach dem Limit. Die Preisfindung, also das Zusammenführen von Käufern und Verkäufern wird durch Computer übernommen. Der Ausführungskurs wird dabei so gebildet, dass möglichst viele Transaktionen (Käufe und Verkäufe) ausgeführt werden können.

Kauf (Nachfrage)
Bid bzw. *Geld*

Volumen (Anzahl)	**Limit** (Preisvorstellung)
50 Stück	72,50 €
150 Stück	72,00 €
10 Stück	71,30 €
500 Stück	71,00 €

Verkauf (Angebot)
Ask bzw. *Brief*

Volumen (Anzahl)	**Limit** (Preisvorstellung)
500 Stück	71,00 €
50 Stück	72,00 €
100 Stück	72,50 €
250 Stück	72,50 €
100 Stück	73,00 €

119 120

Abbildung 5: Kaufgebote und Verkaufsangebote werden im Orderbuch der Börse festgehalten. Der Kurs entsteht basierend auf Volumen und Limit.[9]

[8] Das Limit ist der maximale Preis, zu dem ein Käufer bereit ist zu kaufen bzw. der minimale Preis, zu dem ein Verkäufer bereit ist zu verkaufen.

[9] Quelle: Eigene Darstellung in Anlehnung an Deutsche Börse (2021)

Wie kann ich mit Aktien Geld verdienen?

Als Aktionär können Sie auf drei Arten mit Aktien Gewinne erzielen:

1. Wertsteigerung
2. Dividenden
3. Leerverkäufe

Wertsteigerung

Die Wertsteigerung einer Aktie ist die Differenz aus aktuellem Aktienkurs (bzw. Verkaufspreis) und dem ursprünglichen Kaufpreis. Angenommen Sie kaufen eine Aktie für 100 €, um Sie ein Jahr später für 110 € zu verkaufen. In diesem Fall hätten Sie beim Verkauf eine *Wertsteigerung* von 10 € bzw. 10% realisiert. Das Ziel eines jeden Investors lautet folglich: „Günstig kaufen, teuer verkaufen!"

Aktien sind volatile Investments. Ihre Kurse schwanken und können (insbesondere kurzfristig) an Wert verlieren. Seltener kommt es vor, dass Aktienkurse sogar langfristig auf breiter Front fallen: So lag die 10-jährige Gesamtrendite des S&P 500-Index, der die 500 größten Unternehmen der USA abbildet, selbst im Jahr 2010 im leicht negativen Bereich. In diesem Fall ist die schlechte Performance auf die beiden großen Crashs, nämlich das Platzen der Dotcom-Blase Anfang der 2000er und der Finanzkrise ab 2008, zurückzuführen. Dennoch sind Aktien alternativlos, wenn Sie in Zeiten von Niedrigzinsen mit überschaubarem Risiko langfristig hohe Renditen erzielen wollen.

Dividenden

Dividenden sind die Gewinnausschüttungen eines Unternehmens an seine Aktionäre. Nicht alle Unternehmen zahlen Dividenden. Viele – insbesondere junge, stark wachsende Unternehmen – ziehen es häufig vor ihren Gewinn stattdessen in steigendes Wachstum zu reinvestieren. Hingegen zahlen konservative Werte, wie z.B. Konsumgüterhersteller oder Öl- und Gaskonzerne, häufig überdurchschnittliche Gewinnausschüttungen. Investments in solche *Dividendenaktien* sind eine beliebte Strategie auf die wir später im Detail zu sprechen kommen.

In Deutschland werden Dividenden auf der Hauptversammlung des jeweiligen Unternehmens beschlossen und meist wenige Tage danach ausgezahlt.

Leerverkäufe

Bei einem *Leerverkauf* verkauft ein Händler geliehene Aktien und wettet damit auf fallende Kurse. Leerverkäufer leihen sich Aktien von einem Verleiher (z.B. ihrem Broker). Anschließend verkaufen sie diese Aktien an der Börse und kaufen dieselbe Anzahl zu einem späteren Zeitpunkt für den aktuellen Marktpreis zurück. Nach getätigtem Verkauf bzw. Rückkauf geben die Leerverkäufer die Aktien an den Verleiher zurück. Ihr Gewinn bzw. Verlust ist die Differenz zwischen Verkaufspreis und Rückkaufpreis (abzüglich einer Leihgebühr für den Verleiher). Die Frist zur Rückgabe der Aktien an den Verleiher beträgt i.d.R. nur wenige Geschäftstage. So kann es vorkommen, dass Händler eine Aktie zu einem ungewollt hohen Kurs kaufen müssen, um diese fristgerecht an den Verleiher zurückgeben zu können.

Beim Leerverkauf können Sie mehr als 100% verlieren

Das Risiko von Leerverkäufern ist, dass sie, im Vergleich zum gewöhnlichen Aktienkauf, mehr als 100% ihres Einsatzes verlieren können. So gilt beim Kauf einer Aktie, dass ihr Kurs im schlimmsten Fall auf 0 € fallen kann, nicht jedoch darunter. Nach oben hin sind die Preise jedoch unbegrenzt. So kann ein Aktienkurs theoretisch bis ins Unendliche steigen. Ihr Risiko ist also begrenzt und Ihre Chance (theoretisch) unbegrenzt.

Beim Leerverkauf wetten Sie genau in die andere Richtung. Der theoretische Maximalgewinn wird erzielt, wenn der Aktienkurs am Ende des Leerverkaufs bei 0 € liegt. Dann wäre Ihr Gewinn 100%. Gleichzeitig ist der theoretische Maximalverlust unendlich hoch. Verdoppelt sich der Aktienpreis bis zum Ende des Leerverkaufs verlieren Sie 100%. Mit dem Aktienkurs, steigt auch Ihr Verlust immer weiter. Somit ist Ihr Risiko (theoretisch) unbegrenzt und ihre Chance begrenzt.

Es gibt jedoch auch Möglichkeiten auf fallende Kurse zu wetten, ohne das Risiko einer solchen *Nachschusspflicht* eingehen zu müssen. Durch bestimmte *Derivate* (siehe auch S. 45 ff.) kann der Maximalverlust auf das eingesetzte Kapital (also 100%) begrenzt werden. Nichtsdestotrotz bleiben solche Wetten immer spekulativ.

Aktienkurse steigen viel häufiger, als dass sie fallen

Richtig gelesen. An den meisten Tagen steigen die Preise an der Börse und der langfristige Trend zeigt bereits seit Jahrhunderten nach oben. Allein schon aus diesem Grund sind Wetten auf fallende Kurse langfristig keine gute Idee. Zudem gibt es das Sprichwort „stairs up, elevator down“ (dt. *„Treppe rauf, Fahrstuhl* *runter*"). So geht es an der Börse oft in kleinen, aber gemächlichen Schritten nach oben. An einigen wenigen Tagen geht es dann jedoch schnell, „mit dem Fahrstuhl", nach unten. Wollen Sie mit Leerverkäufen erfolgreich sein, müssen Sie folglich den perfekten Zeitpunkt erwischen. Mit Glück ist das zwar möglich, die Statistik spricht jedoch dagegen.

Merke!

Leerverkäufe sind hochspekulativ. Im schlimmsten Fall können Anleger mehr als 100% ihres Einsatzes verlieren. An der Börse gibt es mehr Tage mit steigenden als mit fallenden Kursen und auch langfristig betrachtet geht der übergeordnete Trend der Aktienmärkte seit Jahrhunderten nach oben. Daher sind Wetten auf fallende Kurse nur etwas für Zocker.

Kapitel 2

Börsenwissen für Einsteiger

Von Bullen und Bären

Was hat es mit *Bullen* und *Bären* auf sich und was bedeutet es *long* oder *short* zu sein? Die Börse hat ihre eigene Sprache. In diesem Abschnitt lernen Sie die wichtigsten Begriffe des Börsenjargons.

Längerfristige Marktbewegungen

Die Aktienmärkte können sich nach oben (Kurse steigen), nach unten (Kurse fallen) oder seitwärts bewegen. Sind Sie als Anleger für die weitere Entwicklung zuversichtlich gestimmt und erwarten steigende Kurse, sind sie *bullish* und Sie können sich als *Bullen* bezeichnen. Ein Bulle stößt seine Hörner und somit die Kurse in nach oben. Somit ist ein *Bullenmarkt* eine anhaltende Phase von steigenden Aktienpreisen. Er beschreibt eine Zeit des Aufschwungs und wird auch *Hausse* genannt. Sicherlich ist Ihnen die große Bullenstatue in der Nähe der Wall Street bekannt. Der „Charging Bull" symbolisiert die Zuversicht auf langfristiges Wachstum der Börsen und der Wirtschaft. Kaufen Sie eine Aktie in der Hoffnung auf weiter steigende Kurse gehen Sie eine *Long-Position* ein – Sie sind *long*.

Die Gegenspieler der Bullen werden an der Börse als *Bären* bezeichnet. Sind Sie eher pessimistisch gestimmt und rechnen mit sinkenden Kursen, sind Sie *bearish*. Ein Bär schlägt mit seinen Tatzen nach unten und drückt die Kurse in den Keller. Somit ist ein *Bärenmarkt* (auch *Baisse* genannt) eine anhaltende Phase des Abschwungs und sinkender Aktienpreise. Verkaufen Sie eine Aktie oder profitieren Sie von sinkenden Preisen eines Vermögenswertes, z.B. durch *Leerverkäufe*, gehen Sie eine *Short-Position* ein. Im Börsenjargon: Sie sind *short*.

Ein vollständiger Börsenzyklus besteht aus einem Bullen- und einem Bärenmarkt. Dieser Börsenzyklus fällt häufig mit dem Konjunkturzyklus[10] der Realwirtschaft zusammen. Das Einsetzen eines Bullenmarktes ist dabei oft ein Indikator für einen bevorstehenden Aufschwung der Wirtschaft. Gleichermaßen beginnen Bärenmarkte typischerweise noch bevor sich ein Abschwung in der Wirtschaft bemerkbar macht.

Kurzfristige Marktbewegungen

Ein kurzfristigerer, steiler Anstieg der Kurse wird als *Rallye* bezeichnet. Ein *Crash* (veraltet auch *Börsenkrach*) bezeichnet einen extremen Kurseinbruch innerhalb weniger Tage oder Wochen. Im Gegensatz zum Bärenmarkt bzw. zur Baisse fallen die Kurse hier schnell und panikartig. (Kurze) Perioden moderater Kursverluste innerhalb eines langfristig bullishen Trends werden hingegen als *Korrektur* oder *Konsolidierung bezeichnet*. Oftmals ergeben sich dadurch Kaufgelegenheiten.

Der Markt weiß alles

Die *Markteffizienzhypothese* (engl. *efficient market hypothesis*) ist eine viel beachtete Theorie der Finanzökonomie. Sie besagt, dass

[10] Der Konjunkturzyklus beschreibt die sich wiederholenden übergeordneten Trends der Wirtschaft. Er wird unterteilt in 1.) Aufschwung (Expansion), 2.) Hochkonjunktur (Boom), 3.) Abschwung (Rezession) und 4.) Konjunkturtief (Depression).

die Aktienkurse bereits alle verfügbaren Informationen reflektieren und somit über- oder unterbewertete Aktien nicht existieren. Da alle Informationen *eingepreist* sind, werden Aktien und Wertpapiere an den Börsen stets zu ihrem „fairen“ Preis gehandelt. Die Hypothese impliziert also, dass kein Marktteilnehmer in der Lage ist, den Markt langfristig zu schlagen. Ihre Befürworter gehen daher davon aus, dass Anleger am meisten von einer Investition in ein breit gestreutes, passives Portfolio[11] profitieren. Kritiker glauben hingegen, dass es durch geschicktes *Stock Picking*, also dem gezielten Investment in ausgesuchte Aktien, sehr wohl möglich ist, den Markt zu schlagen und, dass Titel von ihrem „fairen“ Marktwert abweichen können. Gegen die Theorie spricht u.a. auch, dass der Mensch Entscheidungen basierend auf Emotionen trifft und zu Überreaktionen neigt (Stichwort: Blase).

Meine persönliche Meinung lautet wie folgt: Die Markteffizienzhypothese hat sicherlich einen wahren Kern. Informationen werden von den Marktakteuren aufgenommen und spiegeln sich letztlich in den Aktienpreisen wider – klingt logisch. Allerdings wird der Markt auch durch Gerüchte und Falschinformationen beeinflusst, die die Kurse verzerren. Aus meiner Sicht existieren Preisüber- und -untertreibungen also sehr wohl. Wäre der Markt tatsächlich „effizient“, würden alle Investoren in möglichst kostengünstige ETFs und Indexfonds investieren und niemand würde noch versuchen den Markt zu schlagen. Dazu sei Folgendes gesagt: Die erste moderne Aktie wurde bereits im Jahr 1602 für die niederländische „Dutch East India Company“

[11] Ein Portfolio ist eine Sammlung verschiedener *Vermögenswerte* (auch *Assets* genannt) wie z.B. Aktien, Anleihen, Immobilien, Fonds, ETFs, Rohstoffen oder Bargeld.

herausgegeben. Mehr als 400 Jahre später haben Investoren noch immer nicht aufgegeben zu versuchen höhere Renditen als der Gesamtmarkt zu erzielen. Einigen davon gelingt es wiederholt und über längere Zeiträume.

Dass die „breite Masse“ nicht in der Lage ist den Markt zu schlagen, ist eine Binsenweisheit. Die durchschnittliche Performance der „breiten Masse“ entspricht nämlich der Entwicklung „des Marktes“. Somit sind beides lediglich zwei verschiedene Ausdrücke für dieselbe Sache.

Die wichtigsten Handelsplätze

Früher waren Börsen tatsächlich physische Marktplätze, auf denen sich Händler zum Handel von Wertpapieren trafen – entweder für sich selbst oder im Auftrag ihrer Kunden. Es wurde laut herumgerufen, wild gestikuliert und es klingelten die Telefone. Durch das Aufkommen des Internets hat der sog. *Parketthandel* jedoch an Wichtigkeit verloren und wurde weitestgehend vom digitalen Handel verdrängt. Dass sich der maßgebliche Teil des Börsengeschehens der großen deutschen Leitbörse in Frankfurt heutzutage nicht mehr im, aus dem Fernsehen bekannten, Börsensaal vor den großen Anzeigetafeln stattfindet, ist jedoch den Wenigsten bekannt.

Dennoch hat die Frankfurter Börse noch immer eine große nationale und internationale Bedeutung. Neben ihr gibt es in Deutschland weitere sog. *Regionalbörsen* wie z.B. in Stuttgart, München, Berlin oder Hamburg. Heutzutage ist der wichtigste deutsche Handelsplatz jedoch keiner dieser traditionellen Börsen, sondern die elektronische Börse Xetra. Xetra gehört zur

Frankfurter Wertpapierbörse und wickelt mittlerweile mehr als 90% aller über deutsche Börsenplätze laufende Aktiengeschäfte ab. Auf diesem Handelsplatz können etwa 1.000 Aktien, 1.800 börsengehandelte Fonds (ETFs) und weitere Wertpapiere gehandelt werden.[12] Während Xetra hauptsächlich für den professionellen Handel konzipiert wurde, ist die Tradegate Exchange eine weitere wichtige deutsche elektronische Börse, die sich hingegen auf den Handel von Privatanlegern spezialisiert hat.

Tabelle 3: Übersicht der größten deutschen Handelsplätze im Jahr 2018[13]

Handelsplatz	Orderbuchumsatz 2018	Anzahl Wertpapiere	Handelszeiten
Xetra	ca. 1.573 Mrd. €	ca. 2.600	Mo. - Fr. 09:00 - 17:30 Uhr
Tradegate Exch.	ca. 106 Mrd. €	ca. 13.000	Mo. - Fr. 08:00 - 22:00 Uhr
Börse Stuttgart	ca. 71 Mrd. €	ca. 1,8 Mio.	Mo. - Fr. 08:00 - 22:00 Uhr
Börse München	ca. 71 Mrd. €	ca. 23.000	Mo. - Fr. 08:00 - 20:00 Uhr
Börse Frankfurt	ca. 40 Mrd. €	ca. 1,7 Mio.	Mo. - Fr. 08:00 - 20:00 Uhr

Außerbörslicher Handel

Im Vergleich zum klassischen börslichen Handel ermöglicht der *außerbörsliche Handel* (auch *Direkthandel* oder *OTC-Handel*[14]) Transaktionen über die der regulären Handelszeiten hinaus. Diese Art von Handel findet nicht auf einem klassischen Börsenplatz, sondern stattdessen direkt zwischen zwei Marktteilnehmern statt. Bekannte Anbieter in Deutschland sind beispielweise Lang & Schwarz oder auch Tradegate Exchange. Neben den verlängerten Handelszeiten sind der Wegfall von Börsengebühren sowie eine sehr schnelle Transaktionsausführung einige der

[12] Quelle: Deutsche Börse (2021)

[13] Quelle: extraETF (2019)

[14] OTC steht für „over the counter“ (dt. *über den Tresen*)

Vorteile des Direkthandel. Nachteile sind beispielsweise das Fehlen einer Handelsaufsicht und eine schlechtere Vergleichbarkeit mit Kursen des regulären börslichen Handels, insbesondere sobald nach Schluss der regulären Börsenplätze gehandelt wird.

Internationale Börsenplätze

Die fünf Börsen mit den meisten Umsätzen im Jahr 2020 lagen allesamt in den USA und Asien: Die New York Stock Exchange (NYSE) mit Sitz in der Wall Street, die Nasdaq (ebenfalls in New York), die Stock Exchange of Hong Kong (SEHK), die Shanghai Stock Exchange (SSE) und die Tokioter Börse in Japan. Als Investor werden Sie früher oder später auch internationale Aktien erwerben und eventuell über einen dieser Börsenplätze Transaktionen ausführen. Allerdings ist es auch möglich viele ausländische Aktien über deutsche Handelsplätze zu handeln. Häufig sind die Ordergebühren geringer und die Abrechnung erfolgt in Euro – einfacher geht es nicht. Über welchen Handelsplatz Sie handeln wollen, müssen Sie sich jetzt jedoch noch keine Gedanken machen. Mehr dazu später, wenn wir Sie gegen Ende des Buches gemeinsam durch Ihre erste Transaktion führen (S. 189 ff.).

Was ist ein Aktienindex?

Sie haben bestimmt schon einmal vom DAX gehört. Aber was ist das eigentlich? Der DAX ist kein marderartiges, Winterruhe haltendes Raubtier, sondern der wichtigste deutsche Aktienindex. Er spiegelt die Wertentwicklung der 30 größten börsennotierten Unternehmen Deutschlands wider. Ab Herbst 2021 soll der DAX auf 40 Mitglieder vergrößert werden. Die aktuelle Punktzahl des Indizes wird aus den Kursen der ihm zugrunde liegenden Aktien berechnet und gewichtetet. Die Gewichtung der Werte im DAX geschieht anhand der Marktkapitalisierung[15] der enthaltenen Werte. Im Klartext gilt also für den DAX: Je höher der Börsenwert eines Unternehmens, desto stärker seine Gewichtung im DAX.

Weitere bekannte Aktienindizes sind z.B. der Dow Jones, der S&P 500 oder der Nasdaq Composite. Diese vielbeachteten US-Indizes geben häufig die Richtung der Kurse vieler anderer Börsen vor: Steigen Dow und Co., tun dies häufig auch der DAX und andere weltweite Börsenbarometer. Herrscht hingegen Panik und Verkaufsstimmung an den US-Börsen, schwappt dies häufig auch auf die anderen Kontinente über. Eine gewisse Korrelation in beide Richtungen ist nicht zu verleugnen, in der globalen Welt von heute allerdings auch nicht wirklich verwunderlich.

Tabelle 4: Auswahl einiger bekannter Aktienindizes

Aktienindex	Aktien der Börse(n)...	Zusammensetzung	Index-berechnung
Dow Jones Industrial Average	NYSE, Nasdaq	30 der größten US-Aktien	Kursindex
S&P 500	NYSE, Nasdaq	500 der größten US-Aktien	Kursindex
Nasdaq Composite	Nasdaq	100 größte Tech-Aktien der Nasdaq	Kursindex
DAX	Frankfurt	30 größte Aktien Deutschlands	Performance-index
Hang Seng	Hongkong	50 größte Aktien der SEHK	Kursindex
Nikkei 225	Tokio	225 große Aktien der Tokioter Börse	Kursindex
SSE Composite	Shanghai	alle (ca. 1.500) Aktien der Shanghaier Börse	Kursindex
MSCI World	Global	1.600 große Aktien aus 23 Industrieländern	Kursindex

[15] Marktkapitalisierung (auch *Börsenwert*) = Kurs pro Aktie × Anzahl der sich im Umlauf befindlichen Aktien. Siehe auch S. 118.

Kursindex vs. Performanceindex

Vieleicht ist Ihnen in der vorangegangenen Tabelle aufgefallen, dass der DAX ein sog. *Performanceindex* ist und nicht, wie die meisten anderen großen Indizes, ein *Kursindex*.[16] Der Unterschied ist, dass Performanceindizes alle Dividenden und sonstige Einnahmen aus dem Aktienbesitz mit in die Wertentwicklung des Index einberechnen, während Kursindizes diese außen vor lassen. Dies mag nach einem zu vernachlässigenden Detailunterschied klingen, hat jedoch eine große Auswirkung auf die Entwicklung eines Indizes: So steht der DAX-Performanceindex Mitte 2021 bei etwa 15.500 Punkten, während die Kursindex-Variante bei nur etwa 6.500 Punkten liegt. Beide starteten am 31.12.1987 bei 1.000 Punkten. Seien Sie sich dieses feinen Unterschieds also bewusst, bevor Sie Aktienindizes miteinander vergleichen!

Bedeutung von Indizes für Investoren

Anleger nutzen Indizes als *Benchmark*, also als Vergleichsmaßstab, um den Erfolg der eigenen Investitionen beurteilen zu können. Dazu werden häufig der Dow Jones, S&P 500 und der MSCI World genutzt. Je nach Anlagestrategie können sich jedoch auch andere Indizes besser eignen. Ist die Rendite der eigenen Geldanlage höher als die Benchmark hat sich die investierte Zeit gelohnt. Andernfalls hätte der Investor sein Kapital genauso gut passiv in den Vergleichsindex anlegen können und sich die für seine Recherchen eingesetzte Zeit sparen können. Direkte

[16] Der DAX wird sowohl als Performance- als auch als Kursindex ausgewiesen. Jedoch ist meistens der Performanceindex gemeint, wenn vom DAX gesprochen wird.

Investitionen in einen Aktienindex sind allerdings nicht möglich. Theoretisch könnten Anleger alle Werte eines Indizes in der exakten Gewichtung nachkaufen. Praktikablere Alternativen sind indirekte Investitionen in z.B. börsengehandelte Indexfonds, sog. ETFs, oder bestimmte Derivate. Beide Wertpapierarten besprechen wir im folgenden Unterkapitel.

Merke!

Aktienindizes bilden die Wertentwicklung mehrerer Aktien gleichzeitig und somit eines (Teil-)Marktes ab. Sie eignen sich als Benchmark zur Beurteilung des Erfolgs der eigenen Anlageentscheidungen. Investoren, die sich möglichst wenig mit ihrer Kapitalanlage beschäftigen möchten, können Indizes als Grundlage für die Zusammensetzung ihres Portfolios verwenden.

Andere Anlageklassen

Was eine Aktie ist, wissen Sie bereits. Darüber hinaus gibt es jedoch eine Vielzahl weiterer Möglichkeiten, Ihr Geld zu investieren. Diese Möglichkeiten werden in *Anlageklassen* gegliedert. Eine Anlageklasse (auch *Assetklasse*) ist eine Gruppe von *Anlageprodukten* (auch *Finanzprodukte* bzw. *-instrumente* genannt), die ähnliche Eigenschaften und Merkmale verbindet. Produkte innerhalb einer Klasse unterliegen i.d.R. den gleichen Gesetzen und Vorschriften. Anlageklassen können in *reale Vermögenswerte* (sog. *Sachwerte*) und *finanzielle Vermögenswerte* (sog. *Finanzwerte*) unterteilt werden.

Tabelle 5: Unterteilung von Anlageklassen in Finanz- und Sachwerte

Anlageklassen	
Finanzwerte	**Sachwerte**
• Wertpapiere	• Immobilien
o Aktien	• Gold
o Anleihen	• Schmuck
o Derivate	• Oldtimer
▪ Swaps	• Kunst
▪ Optionen	• …
▪ Futures	
▪ …	
o Fonds	
o ETFs	
o …	
• Bankguthaben	
• …	

Sachwerte sind greifbar und haben einen inneren Wert (bzw. Nutzen), wie z.B. das Eigenheim, physisches Gold oder der Oldtimer in der Garage. Finanzwerte hingegen sind nicht greifbare Vermögensteile wie Wertpapiere oder Bankguthaben. Als Wertpapiere fallen auch Aktien, Fonds und ETFs in die Gruppe der Finanzwerte.

Zwischen den verschiedenen Anlageklassen besteht typischerweise eine geringere Korrelation als innerhalb einer Anlageklasse. Beispiel: Die Wahrscheinlichkeit, dass sich zwei Aktien in dieselbe Richtung bewegen ist höher, als dass sich eine Aktie und eine Anleihe in dieselbe Richtung bewegen. Aufgrund dessen kann eine Verteilung des Vermögens auf verschiedene Anlageklassen ein geeignetes Mittel zur Risikostreuung sein. Auch wenn andere Anlageklassen als Aktien und (Aktien-)ETFs in diesem Buch eine untergeordnete Rolle spielen, möchte ich Ihnen, als angehenden Börsianer, einige wichtige Wertpapierarten kurz und kompakt vorstellen.

Anleihen

Eine *Anleihe* (engl. *bond*) ist ein an der Börse handelbares Wertpapier. Sie stellt eine verbriefte Schuldverschreibung dar, die meist von einem Unternehmen oder einer Regierung herausgegeben (*emittiert*) wird. Der Investor stellt dem Anleiheemittenten Kapital zur Verfügung und erhält von diesem Zinszahlungen als Gegenleistung. Zum Ende der Laufzeit erhält der Anleger den Nennwert der Anleihe zurück und die Zinszahlungen des Emittenten enden. Einfach gesagt: Anleihen sind eine Art Kredit von Investoren an Unternehmen oder Regierungen. Die wichtigsten Charakteristika einer Anleihe sind:

- *Nennwert* (auch *Nominalwert*): Der Geldbetrag, der am Ende der Laufzeit an den Investor zurückgezahlt wird. Basierend auf diesem Wert wird der Zinskupon errechnet.
- *Zinskupon* (auch *Kupon*): Der vereinbarte, an den Investor zu zahlende Zinssatz. Traditionell ist der Zinskupon fix, allerdings gibt es heutzutage vermehrt Anleihen mit variablen Zinssätzen.
- *Kupontermine*: Termine (i.d.R. halbjährlich), zu denen Zinszahlungen an Investoren getätigt werden
- *Laufzeit* bzw. *Fälligkeit*: Das Datum, an dem das eingesetzte Kapital („der Kredit") bzw. der Nennwert an den Investor zurückgezahlt werden muss
- *Ausgabekurs*: Der Wert, zu dem eine Anleihe ausgegeben (emittiert) wird. Dieser entspricht häufig dem Nennwert (*pari*), kann aber auch darunter oder darüber liegen.
- *Anleihekurs* (bzw. *-preis*): Während ihrer Laufzeit können Anleihen zwischen Marktteilnehmern an der Börse

gehandelt werden. Die Kurse schwanken und werden typischerweise in Prozent vom Nominalwert dargestellt.

Der Zinssatz einer Anleihe ist in erster Linie von der *Bonität* des Emittenten abhängig. Die Bonität (*Kreditwürdigkeit*) ist das Kreditrating und beschreibt das Risiko eines Zahlungsausfalls des Herausgebers der Anleihe (vergleichbar mit Ihrem Schufa-Score). Die Bonität wird von sog. *Ratingagenturen* wie Standard & Poor's, Moody's oder Fitch bestimmt (ebenfalls vergleichbar mit der Schufa). Je höher das Ausfallrisiko einer Anleihe, desto höher ist i.d.R. ihr Zinssatz. Darüber hinaus beeinflusst auch die Laufzeit der Anleihe ihren Zinskupon. Dabei gilt typischerweise: Je länger die Laufzeit, desto höher der Zinssatz.

Was beeinflusst die Anleihekurse?

Wie bereits erwähnt entspricht der aktuelle Kurs einer Anleihe nicht zwangsläufig dem Nennwert oder dem Ausgabekurs. Die wichtigsten Einflussfaktoren auf den Anleihekurs sind die Entwicklung des Leitzinses[17] und der Bonität des Emittenten. Steigt die Bonität des Emittenten aufgrund eines verbesserten Kreditratings, gilt das Risiko eines Zahlungsausfalls als geringer. Dies hat üblicherweise einen steigenden Anleihekurs zur Folge. Darüber hinaus können auch fallende Leitzinsen höhere Anleihepreise bewirken. Denn: Sinkt der Leitzins, erhalten Sparer geringere Zinszahlungen auf Ihr Bankguthaben. Dadurch wird der Zinssatz von Anleihen (zumindest bei fixen Zinskupons) attraktiver und die Nachfrage nach Anleihen steigt. Hingegen wirken

[17] Der Leitzins ist der Zinssatz, zu dem sich Kreditinstitute Geld leihen können – nicht zu verwechseln mit dem Zinssatz der Anleihe! In Europa wird der Leitzins von der Europäischen Zentralbank (EZB) festgelegt.

sich steigende Leitzinsen oder verschlechterte Bonitäten negativ auf die Kurse von Anleihen aus.

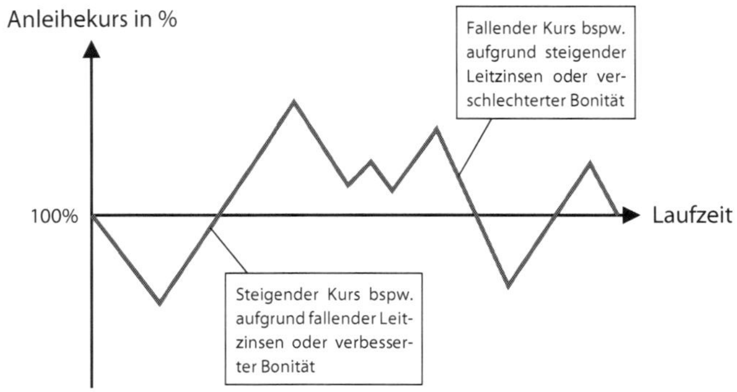

Abbildung 6: Einflussfaktoren auf die Kursentwicklung einer Anleihe

Renditen von Anleihen: Die laufende Verzinsung

Dadurch, dass sich der Kurs einer Anleihe im Laufe der Zeit schwankt, ist der Zinskupon kein sinnvolles Maß zur Beurteilung der Performance einer Anleihe. Hier ist die sog. *laufende Verzinsung* (auch *laufende Rendite* genannt) eine besser geeignete Kennzahl, wie das folgende Beispiel verdeutlichen soll:

Nehmen wir an, Anleihe X hat einen Nennwert von 1.000 € und einen Zinskupon von 50€, was in diesem Fall 5% vom Nennwert entspricht. Notiert die Anleihe aktuell zu diesem Nennwert, liegt die laufende Verzinsung ebenfalls bei 5% ($\frac{50\text{ €}}{1.000\text{ €}}$). Steigt der Kurs der Anleihe nun jedoch auf 110% (= 1.100 €), sinkt die Verzinsung auf 4,5% ($\frac{50\text{ €}}{1.100\text{ €}}$). Fällt der Anleihepreis hingegen gegenüber dem Nennwert, steigt die laufende Rendite entsprechend.

Bleiben wir beim Szenario des gestiegenen Kurses: Ein potenzieller Investor müsste nun 110% (1.100 €) für Anleihe X bezahlen. Da sich ihr Nennwert aber nicht verändert hat, würde der

Anleger zum Fälligkeitsdatum trotzdem „nur" 1.000 € (und nicht 1.100 €) vom Emittenten ausgezahlt bekommen. Der Investor würde folglich eine geringere laufende Verzinsung in Kauf nehmen als ein Anleger, der dieselbe Anleihe zum Nennwert gekauft hätte. Diese schlechtere Verzinsung könnte nur über einen steigenden Anleihekurs und vorzeitigen Verkauf wieder aufgeholt werden.

Anleihen und Aktien im historischen Vergleich

"Die meisten Deutschen ziehen Anleihen den Aktien vor. Mit ihrem übertriebenen Sicherheitsdenken bringen sie sich aber jährlich um einen beträchtlichen Vermögenszuwachs."[18]

- André Kostolany

Wenn Sie mich fragen, trifft Börsenlegende André Kostolany in seinem Zitat den Nagel auf den Kopf: Viele Deutsche investieren lieber in Anleihen als in Aktien. Zwar stimmt es, dass Anleihen langfristig als risikoärmeres Investment gelten, gleichzeitig bieten sie jedoch auch geringe Renditechancen als Aktien. Untermauert wird dies durch einen weiteren Blick in die Vergangenheit: Ein langjähriger Vergleich der NYU Stern School of Business aus dem Jahr 2020 zeigt, dass die Renditen von Anleihen im Zeitraum von 1928 bis 2020 deutlich schlechter abschnitten als jene von Aktien. Verglichen wurde die Entwicklung des S&P 500 mit der von 10-jährigen sowie 3-monatigen US-Staatsanleihen und Baa-US-Unternehmensanleihen (also US-Unternehmen mit mittlerer Bonität).

[18] André Kostolany zitiert nach: Heller, Gottfried (2015): Der einfache Weg zum Wohlstand.

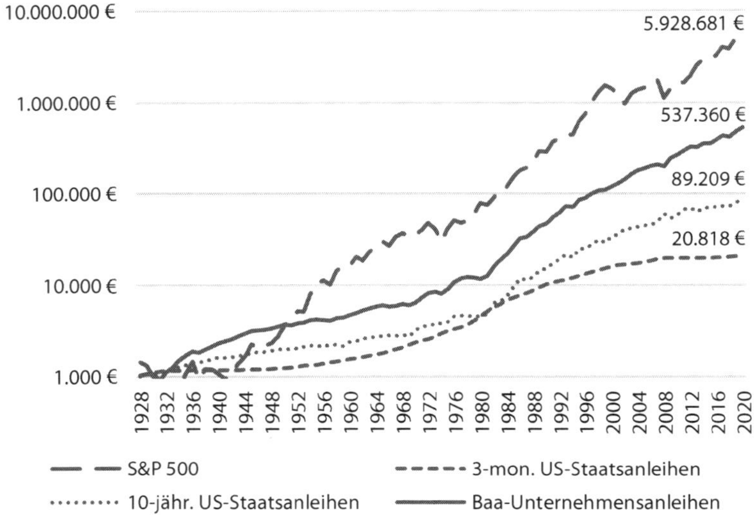

Abbildung 7: Vergleich einer Einmalinvestition von je 1.000€ in den S&P 500, 3-monatige bzw. 10-jährige US-Staatsanleihen sowie US-amerikanische Baa-Unternehmensanleihen zwischen 1928 und 2020 (Logarithmische Skalierung)[19]

Merke!

Anleihen sind vergleichbar mit einem Kredit, den Investoren dem Herausgeber (Emittenten) der Anleihe gewähren. Während der Laufzeit erhalten Anleger Zinszahlungen und am Fälligkeitstermin einen festen Geldbetrag (Nennwert). Der Zinssatz (Kupon) einer Anleihe ist abhängig von der der Laufzeit sowie der Kreditwürdigkeit (Bonität) des Herausgebers. Bis zum Fälligkeitstermin können Anleihen zwischen Marktteilnehmern gehandelt werden und schwanken in ihrem Preis. Ihre Kurse verhalten sich i.d.R. umgekehrt zu den Leitzinsen: Steigen die Zinsen, sinken die Anleihekurse. Anleihen gelten im Vergleich zu Aktien als weniger riskante Investments, erzielten im langfristigen historischen Vergleich jedoch deutlich geringere Renditen.

Derivate

Derivate sind Wertpapiere, deren Wert sich von einem ihm zugrundeliegenden *Basiswert* ableitet. Basiswerte (engl. *underlying*) können z.B. Aktien, Anleihen, Rohstoffe oder Börsenindizes sein. Derivate stellen einen Vertrag zwischen zwei Parteien dar, der festlegt, unter welchen Bedingungen Zahlungen zwischen den Parteien zu leisten sind. Das Erwerben eines Derivats ermöglicht ein indirektes Investment in eine oder mehrere Anlageklassen und Vermögenswerte ohne Eigentum am Basiswert zu besitzen. Investoren nutzen Derivate zur Risikoabsicherung (engl. *hedging*), zur gezielten Spekulation auf Preisveränderungen eines Basiswertes oder, um Zugang zu ansonsten schwer handelbaren Vermögenswerten zu gelangen.

Handeln mit Hebel

Derivate können *long* oder *short* sein und eine gehebelte oder 1:1-Partizipation an der Entwicklung ihres Basiswerts ermöglichen. Ist das Derivat mit einem x-fachen Hebel versehen, wird zur Ermittlung Wertentwicklung des Derivats die Wertentwicklung des Basiswerts mit dem Hebel x multipliziert. Da der Hebel sowohl auf Kursgewinne als auch auf -verluste des Basiswerts angewendet wird, ergeben sich erhöhte Chancen und Risiken. Beispiel: Fällt der Basiswert (Aktie A) um 1%, verliert ein Derivat mit 3,5-fachem Hebel 3,5% an Wert. Steigt der Kurs von Aktie A hingegen um 2%, steigt das Derivat um 7%.

---

[19] Eigene Darstellung. Datenquelle: NYU Stern School of Business (2021). Logarithmische Skalierung, ohne Berücksichtigung von Inflation, Steuern und weiteren Abgaben. Wertentwicklung des S&P 500 inkl. reinvestierter Dividenden.

Arten von Derivaten

Zu den gängigsten Arten von Derivaten gehören Swaps, Optionen und Futures, mit jeweils mehreren Untervarianten.

Swaps

Swaps ermöglichen den Tausch von Zahlungsströmen mit dem Ziel, das Risiko der involvierten Parteien zu senken. Häufige Arten dieser Tauschgeschäfte sind beispielsweise Währungsswaps oder Zinsswaps. Ein Zinsswap kann z.B. zwischen zwei Unternehmen stattfinden, von denen das eine (Unternehmen A) von fallenden Leitzinsen ausgeht, während sich das andere (Unternehmen B) gegen das Risiko steigender Zinsen absichern möchte: So zahlt Unternehmen A dem Unternehmen B einen variablen Zinssatz, während Unternehmen B dem Unternehmen A einen festen Zinssatz zahlt. Unternehmen A könnte dazu die festen Zinszahlungen einer seiner Anleihen gegen die variabel verzinslichen Zahlungsströme einer Anleihe des Unternehmens B tauschen.

Optionen

Optionen sind Verträge, die einem Investor das Recht (Option), jedoch nicht die Plicht zum Kauf bzw. Verkauf eines Basiswerts zu einem bestimmten Termin zu einem bestimmten Preis zusichern.

Futures

Futures sind Verträge, die die Parteien zum Kauf bzw. Verkauf eines bestimmten Vermögenswerts in der Zukunft verpflichten. Sie definieren Produkt, Menge, Qualität, Preis, Ort und Datum der Lieferung. Wichtige Futures sind beispielsweise Öl-Futures, die den Ölpreis festlegen.

Chancen und Risiken von Derivaten

Die Welt der Derivate ist groß, das Angebot ist vielfältig und die Preisbildung oftmals komplex und wenig transparent. Aufgrund ihres meist kurzen Anlagehorizonts eignen sich Derivate nicht für langfristige Investitionen. Beim Handeln mit Hebel locken schnelle, hohe Gewinne, gleichzeitig bergen solche Anlageprodukte jedoch auch hohe Verlustrisiken, bis hin zum Totalverlust. Beim Handel mit bestimmten Derivategruppen (z.B. Futures) sind sogar Verluste jenseits des Totalverlusts möglich, nämlich dann, wenn eine sog. *Nachschusspflicht* besteht. Dennoch sind nicht alle Derivate grundsätzlich Zockerei. Gezieltes Hedging kann zur Risiko- und Verlustabsicherung beitragen und wird im professionellen und institutionellen Bereich häufig angewendet. Anleger sollten dennoch sicherstellen, dass sie die Mechanismen und Risiken genau verstehen, bevor Sie in den Handel mit Derivaten einsteigen.

Merke!

Derivate sind komplexe Anlageprodukte mit teils undurchsichtiger Preisbildung und kurzfristigem Anlagehorizont. Zu den gängigsten Gruppen gehören Swaps, Optionen und Futures. Derivate können zur Risikoabsicherung, zur Spekulation oder zum Zugang zu ansonsten schwierig handelbaren Basiswerten genutzt werden. Beim Handeln mit Hebel locken schnelle Gewinne, gleichzeitig bergen sie ein erhöhtes Risiko bei kurzfristigen Marktschwankungen hohe Verluste einzufahren. Als Börsenneuling sollten Sie die Finger davon lassen.

Investmentfonds

Ein *offener Investmentfonds* (oder auch nur *Fonds*) ist ein, aktiv verwalteter über die Börse handelbarer Fonds, der das Geld mehrerer Investoren einsammelt, um es in verschiedene Vermögenswerte zu investieren. Stellen Sie ihn sich wie einen mit verschiedenen Wertpapieren gefüllten Korb vor. Je nach Anlagestrategie des Fonds ist dieser Korb z.B. mit Aktien, Anleihen, Immobilien, Rohstoffen oder einer Mischung daraus bestückt.[20]

Ein klassischer Investmentfond wird von einem Fondsmanager verwaltet, der auf Basis der festgelegten Anlagestrategie entscheidet, welche Vermögenswerte (z.B. Aktie X oder Anleihe Y) in sein Portfolio aufgenommen oder abgestoßen werden sollen. Die Wertentwicklung des Fonds setzt sich aus der Kursentwicklung der enthaltenen Wertpapiere sowie deren Gewichtung im Korb zusammen. Durch den Kauf eines Fondsanteils können Anleger an der Wertentwicklung mehrerer Titel gleichzeitig partizipieren. Diese Streuung führt zu einem verbesserten Risikoprofil der Anlage und macht Fonds zu einem geeigneten Investment für Börsenneulinge.

Die Investition in einen Fonds verringert den Recherche- und Verwaltungsaufwand für den Anleger, da diese Arbeit vom

[20] Neben offenen Investmentfonds existieren auch sog. *geschlossene Investmentfonds*. Diese dienen der Finanzierung von Großprojekten, wie z.B. Gewerbeimmobilien oder Windparks, für die eine vorher festgelegt Geldsumme eingesammelt wird. Ist diese Summe erreicht können keine weiteren Anteile erworben werden. Solche Fondsanteile sind nicht über die Börse handelbar und somit deutlich weniger liquide als klassische Fonds und andere Wertpapiere. Darüber hinaus verfügen geschlossene Fonds über eine deutlich geringere bzw. keine Streuung. Für Einsteiger sind Sie daher eher ungeeignet. Wenn wir im weiteren Verlauf von Fonds bzw. klassischen Fonds sprechen, sind aktiv gemanagte, offene Investmentfonds, gemeint.

Fondsmanager übernommen wird. Im Gegenzug fallen Verwaltungsgebühren an, die direkt aus dem Fondsvermögen entnommen werden und somit die Rendite schmälern. Diese Gebühren liegen, je nach Art des Fonds, im Durchschnitt bei 0,5 bis 2,5% pro Jahr[21]. Darüber hinaus werden bei einigen Fonds erfolgsabhängige Performancegebühren fällig: Im Falle des Erreichens einer zuvor festgelegten Mindestrendite, darf der Fonds einen prozentualen Anteil der Erträge oberhalb der Mindestrendite als Bonus für den Fondsmanager einbehalten. Diese Performancegebühr kann bis zu 25% der Überrendite betragen.

Die Vor- und Nachteile von Fonds im Vergleich zu Aktien bzw. deren Unterschiede und Gemeinsamkeiten sind in der folgenden Abbildung zusammengefasst:

Abbildung 8: Unterschiede und Gemeinsamkeiten von Fonds und Aktien

[21] Quelle: Fondsclever (2021)

Exchange-Traded-Fonds (ETFs)

Exchange-Traded-Fonds (*ETFs*) sind börsengehandelte Indexfonds. Genau wie bei klassischen Fonds wird das Geld vieler Anleger gesammelt und in verschiedene Wertpapiere investiert. ETFs unterscheiden sich von klassischen Fonds insofern, als dass Sie i.d.R. passiv verwaltet werden. Das bedeutet, dass sie nicht aktiv von einem Fondsmanager gemanagt werden, sondern versuchen die Wertentwicklung eines Indizes (vgl. S. 35) möglichst genau nachzubilden. Durch den Wegfall des aktiven Managements sind ETFs allgemein deutlich kostengünstiger als klassische Fonds. Laut justETF beträgt die durchschnittliche Verwaltungsgebühr eines ETFs pro Jahr nur 0,3% (Stand: 2021). Weitere Gemeinsamkeiten und Unterschiede im Vergleich zu klassischen Investmentfonds finden Sie in Abbildung 9.

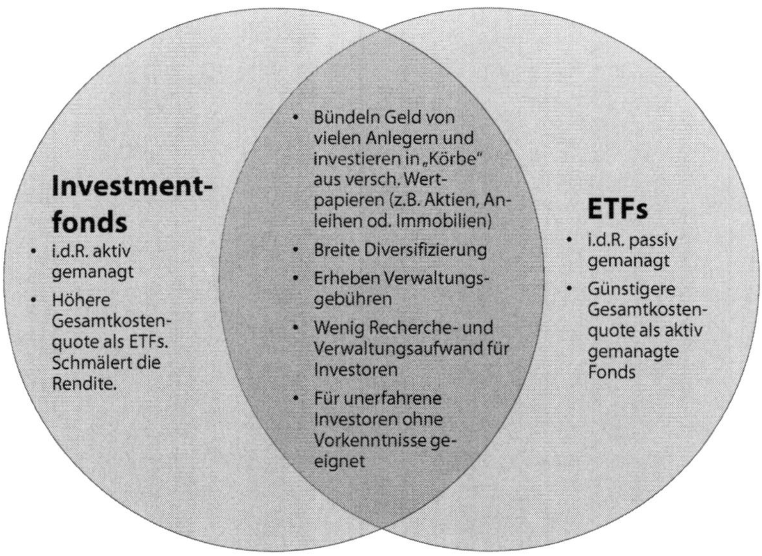

Abbildung 9: Unterschiede und Gemeinsamkeiten von klassischen Investmentfonds und Exchange-Traded-Fonds (ETFs)

Welche Rechte habe ich als „ETF-Aktionär“?

Als Anteilseigner eines ETFs sind Sie kein Aktionär im eigentlichen Sinne, sondern lediglich ein indirekter Eigentümer der Vermögenswerte des Fonds. Dennoch haben Sie Anspruch auf einen Anteil der Gewinne, wie z.B. Dividenden bei Aktien-ETFs oder Zinsen bei Anleihen-ETFs. Genauso hätten Sie Anspruch auf einen Restwert, im Falle einer Liquidation des ETFs. Ein wesentlicher Unterschied zu Aktien ist, dass ETF-Investoren kein Stimmrecht auf der Hauptversammlung haben, sondern alle Stimmrechte bei der Fondsgesellschaft des ETFs liegen.

Ideal für Einsteiger

Aufgrund Ihres guten Chance-Risiko-Verhältnisses in Kombination mit dem geringen Aufwand für Investoren, eignen sich ETFs insbesondere für Privatanleger und Börsenneulinge. Worauf Sie bei der ETF-Auswahl achten müssen und wie Sie einen Ihren Bedürfnissen entsprechendes ETF-Portfolio aufbauen können, erfahren Sie im Kapitel *ETF-Spezial.*

Kapitel 3

Erfolgreich Investieren

Als angehender Investor ist es wichtig sich mit den häufigsten Anlegerfehlern zu beschäftigen, um daraus zu lernen und diese zu vermeiden. Fünf solcher Fehler wollen wir in diesem Kapitel etwas näher beleuchten, um daraus im Umkehrschluss fünf goldene Regeln für erfolgreiches Investieren zu formulieren.

Fünf häufige Fehler beim Investieren

Sie setzen alles auf eine Karte

Ein häufiger Fehler unter Börsenneulingen ist es, sein gesamtes Kapital in ein (oft spekulatives) Investment zu stecken, wie z.B. den „sicheren Tipp" eines entfernten Bekannten oder aus einem dubiosen Forum im Internet. Investieren Sie Ihr gesamtes Erspartes in die Aktie eines einzigen Unternehmens, kann es im besten Fall sein, dass Sie in zehn Jahren ausgesorgt haben. Andererseits ist es genauso denkbar, dass nach Ablauf dieser Zeit kein einziger Cent ihres Geldes mehr übrig ist. Mit so einer Strategie gehen Sie ein beträchtliches Klumpenrisiko ein. Sie sollten niemals alles auf eine Karte setzen, wenn Sie nicht auch verkraften können alles zu verlieren. Welchen Risiken Ihr Geld als Investor ausgesetzt ist und wie Sie sich dagegen schützen können, besprechen wir im Kapitel *Risiken beim Investieren.*

Sie investieren Geld, das Sie anderweitig benötigen

Ein weiterer klassischer Fehler ist es, Geld zu investieren, das man in naher Zukunft für andere Ausgaben benötigen könnte. Sollten Sie z.B. planen in zwei Jahren ein Haus zu bauen, ist es sinnvoll monatlich einen gewissen Betrag zu sparen, um zu Beginn Ihres Hausbauprojektes genügend Eigenkapital zur Verfügung zu haben. Für so kurzfristige Anlagezeiträume wie zwei Jahre sind Aktien, ETFs oder andere volatile Investments eher weniger geeignet. Denn es ist denkbar, dass der Wert Ihres Portfolios in zwei Jahren niedriger ist als heute und Sie beim Verkauf Ihrer Investments weniger Geld erhalten als Sie für Ihr Bauvorhaben tatsächlich benötigen.

Überlegen Sie also gut, wie viel Geld Sie wirklich langfristig anlegen können und wollen. Dazu sollten Sie sich zunächst einen Überblick über Ihr Vermögen und Ihre monatlichen Einnahmen und Ausgaben verschaffen. Was dann noch übrig ist, steht Ihnen prinzipiell für Investitionen zur Verfügung. Jedoch ist es ratsam stets einen gewissen Teil seines Geldes in liquiden Mitteln zu haben (z.B. auf dem Giro- oder Tagesgeldkonto). Als Daumenwert für so einen „Notgroschen“ werden häufig drei volle Monatsgehälter genannt. Ferner sollten Sie überlegen, wie viel Geld Sie für einmalige bzw. wiederkehrende Sonderausgaben (wie z.B. Urlaub, Umzug oder neue Möbel) beiseitelegen wollen. Erst dann wissen Sie welcher monatliche Betrag Ihnen tatsächlich zur Investition zur Verfügung steht.

Tabelle 6: Beispiel einer monatlichen Einnahmen-Ausgaben-Übersicht

Position (Ausgabe bzw. Einnahme)		Betrag
Nettogehalt	+	3.500 €
Wohnen	-	1.000 €
Auto	-	300 €
Versicherungen	-	150 €
Lebensmittel, Haushalt	-	250 €
Aktivitäten (z.B. Kino, Essen gehen)	-	200 €
Zwischensumme	=	1.600 €
Sicherheitspuffer z.B. (Giro- oder Tagesgeldkonto)	-	900 €
Monatlicher Betrag übrig für die Geldanlage	=	**700 €**

Sie haben Angst, etwas zu verpassen

Die Bewegung der Sterne könne er berechnen, nicht jedoch den Wahnsinn der Menschen. Das soll Isaac Newton gesagt haben, nachdem er im Jahr 1720 mit dem Platzen der Südseeblase ein stattliches Vermögen verlor. Was war geschehen? Sir Isaac Newton, der die Grundgesetze der Bewegung formulierte und einer der größten Physiker aller Zeiten, hatte einen beachtlichen Teil seines Privatvermögens in Aktien der South Sea Company investiert:

① Newton war schon einige Jahre vor dem Platzen der Südseeblase als Anleger aktiv und tätigte seine erste Investition in die South Sea Company bereits im Jahr 1713. Im Januar 1720 lag der Aktienkurs noch bei 128 £, um bereits im Februar auf 175 £ zu steigen. Im März stieg der Aktienpreis der South Sea Company auf 330 £. ② Newton verkaufte im April 1720 und sicherte sich einen beachtlichen Gewinn. Bis hierhin ein erfolgreiches Investment. ③ Die steigenden Renditen sprachen sich schnell herum und immer mehr Leute stiegen mit immer höheren

Gewinnerwartungen ein. ④ Als sich die Kurse der South Sea Company in den kommenden Monaten, bis Juni 1720, verdreifachten und viele Leute innerhalb kürzester Zeit reich wurden, konnte auch Newton das Geschehen nicht länger vom Seitenrand aus verfolgen. Er stieg auf dem Höhepunkt, um 1.000 £, wieder ein. Als die Kurse kurz darauf leicht nachgaben, sah er eine Kaufchance und investierte erneut. ⑤ Im August 1720 platzte die Blase. Die Aktie der South Sea Company fand ihren Boden auf einem ähnlichen Niveau wie vor dem rasanten Anstieg. Newtons Verluste beliefen sich auf etwa 20.000 £ (heute äquivalent zu ca. 4 bis 5 Mio. £).[22]

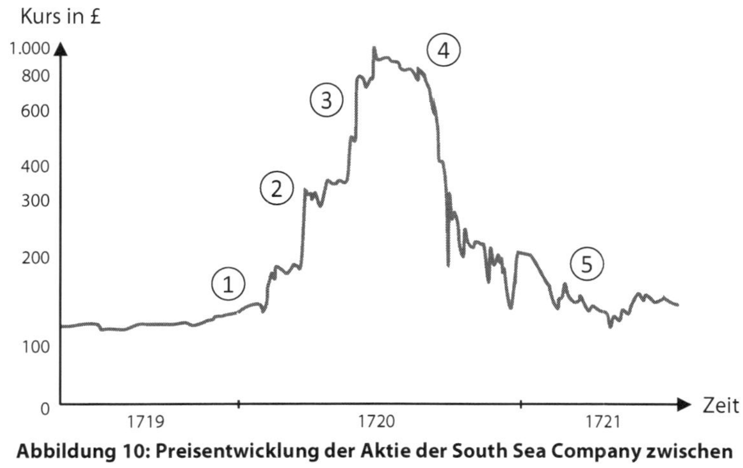

Abbildung 10: Preisentwicklung der Aktie der South Sea Company zwischen 1719 und 1721[23]

Der Wiedereinstieg von Newton war rückblickend keine gute Entscheidung. Doch was hatte er falsch gemacht? Während er zusah wie die Leute um ihn herum mit jedem Tag reicher wurden, ärgerte sich Newton, dass er (vermeintlich) zu früh ausgestiegen

[22] Quelle: Levenson, T. (2020), Money for Nothing.

[23] Eigene Darstellung in Anlehnung an Prechtor, R. (1997). Elliot Wave International.

war. Er hatte Angst, einen weiteren rasanten Anstieg zu verpassen. FOMO (engl, *fear of missing out*) bezeichnet genau diese Angst und kommt in sämtlichen Teilen des Lebens vor. Bei der Geldanlage steigt diese Angst immer dann, wenn man dabei zusehen muss, wie andere schnelles Geld verdienen und man selbst heute den „billigen" Kursen von gestern hinterherweint (die eigentlich auch schon viel zu teuer gewesen sind). Auf dem deutschen Immobilienmarkt sind in einigen Gebieten zurzeit ähnliche Zustände zu beobachten. Die Preise steigen und steigen und absolute Albtraumhäuser werden als „Handwerkerperle" angepriesen und zu immer höheren Preisen verkauft. Eine ganze Generation scheint unter FOMO zu leiden, sich womöglich nie die eigenen vier Wände leisten zu können.

Auch an der Börse ist die Angst, etwas zu verpassen immer dann besonders groß, wenn die Kurse immer weiter zu steigen scheinen. In Zeiten von Preisübertreibungen (Blasen) steigt FOMO in weiten Teilen der Bevölkerung. Immer mehr Leute bekommen Angst, verlieren die Nerven und kaufen Dinge, von denen Sie überhaupt keine Ahnung haben, allein in der Hoffnung an den nächsten Dummen weiterzuverkaufen und möglichst schnell reich zu werden. Solche emotionsgetriebenen Übertreibungen gibt es immer wieder, seien es Internet-Aktien zum Ende des letzten Jahrhunderts, die Finanzkrise 2008, Kryptowährungen bzw. Immobilien in der heutigen Zeit oder auch die Südseeblase im Jahre 1720.

Ob in Zeiten von Blasenbildung oder nicht, es wird immer jemanden geben, dessen Vermögen schneller wächst als das eigene. Diese Person ist vermutlich ein hohes Risiko eingegangen und hatte Glück. Lassen Sie sich davon nicht beirren. Ob Sie Spekulationen eingehen wollen ist Ihnen letztlich selbst überlassen.

Verstehen Sie mich nicht falsch: Emotionen sind nichts Schlechtes und auf mein Bauchgefühl zu hören war für mich rückblickend oft genug eine gute Entscheidung. Dennoch sollten Sie vor jedem Kauf bzw. Verkauf Ihre Chancen und Risiken objektiv abwägen. Sollte Sie einmal die Angst überkommen etwas zu verpassen, halten Sie inne: Versuchen Sie Ihre Emotionen zu verstehen und, vor Allem, nehmen Sie eine objektive Bewertung Ihres Investments vor, bevor Sie blind draufloskaufen. Dies gilt übrigens immer und vor jeder Kaufentscheidung. Wie Sie Aktien--Investments objektiv bewerten können, lernen Sie im Kapitel *Fundamentalanalyse*.

Sie versuchen den Markt zu timen

Viele langfristig denkende Investoren sind der Meinung, dass es unmöglich ist den Markt zu *timen*, also den idealen Zeitpunkt für Kauf bzw. Verkauf abzupassen. Ob die Bestrebung den Markt zu timen sinnvoll oder vertane Lebensmühe ist, ist jedenfalls umstritten. Gewiss ist hingegen, dass allein der Versuch äußerst zeitaufwändig ist.

Dem renommierten Finanzinformationsdienstleister *Morningstar* zufolge erzielten Portfolios, die versuchten den Markt zu timen, zwischen 2004 und 2014 eine um 1,5 % geringere Rendite als passiv verwaltete Portfolios.[24] Diese Studie spricht also gegen *Market Timing*. Regelmäßig den perfekten Zeitpunkt zu erwischen ist auch statistisch höchst unwahrscheinlich, um nicht zu sagen

[24] Quelle: Investopedia, Market Timing (2021).

unmöglich. Ein gewisses (wenn auch nicht perfektes) Timing ist jedoch mithilfe der *Charttechnik* (S. 131 ff.) realisierbar. Timing hin oder her, unumstritten ist, dass mit steigender Anlagedauer das Risiko sinkt mit Aktien Verluste zu machen. Vor dieser Erkenntnis ist ein rückblickend suboptimaler Einstiegszeitpunkt vielleicht weniger schmerzhaft.

Sie verlassen sich auf Expertenmeinungen

Ob im Internet auf den gängigen Finanzportalen, in Blogs, Foren oder in den großen Börsenmagazinen. Heutzutage finden Sie Unmengen an (kostenlosen) Analysen, Expertenmeinungen und Kaufempfehlungen. Sie sollten jedoch nicht den Fehler machen all diese Informationen für bare Münze zu nehmen. Bedenken Sie, dass z.B. Analysten für bestimmte Banken arbeiten und (selbsternannte) Experten Empfehlungen für Titel abgeben, in die sie selbst investiert sind. Seien Sie also stets misstrauisch und hinterfragen Sie die Objektivität solcher Artikel und Empfehlungen. Denn nicht selten kommt es vor, dass Gerüchte oder Falschinformationen gezielt verbreitet werden, um Aktienkurse in eine bestimmte Richtung zu bewegen.

Es ist nicht abzustreiten, dass Analystenempfehlungen weitreichende Beachtung in der Branche finden. Somit kann aus Kauf- bzw. Verkaufsempfehlungen schnell eine selbsterfüllende Prophezeiung werden: (1) Eine Aktie wird zum Kauf empfohlen. (2) Basierend auf der Kaufempfehlung kaufen Investoren diese Aktie. (3) Der Aktienkurs steigt. (4) Die Kaufempfehlung hat sich bestätigt.

Andererseits können Analysen und Börsennachrichten durchaus nützliche Informationen enthalten und Ihnen Ihre eigene

Recherchearbeit erleichtern. Mein Rat: Lesen Sie Nachrichten, Analysen und Empfehlungen zu den Aktien, in denen Sie investiert sind bzw. in die Sie investieren wollen. Achten Sie jedoch darauf, sich möglichst vieler verschiedener Quellen zu bedienen, um unterschiedliche Meinungen zu hören. Diese können Ihnen wertvolle Erkenntnisse liefern und in Ihre Kaufentscheidung miteinfließen. Letztlich sollten Sie sich stets Ihr eigenes Bild machen und niemals blind auf die Meinungen Anderer vertrauen.

Fünf goldene Regeln für erfolgreiches Investieren

Basierend auf den vorangegangenen Fehlern, lassen sich die folgenden Regeln formulieren. Als erfolgreicher Anleger sollten Sie diese stets beachten:

Fünf goldene Regeln für erfolgreiches Investieren

1. **Diversifizierung:** Setzen Sie niemals alles auf eine Karte.

2. **Investitionssumme:** Investieren Sie nur Geld, das Sie nicht zum Zahlen wiederkehrender oder geplanter Ausgaben benötigen. Behalten Sie immer einen Notgroschen für schlechte Zeiten.

3. **Emotionen:** Nehmen Sie Emotionen aus dem Spiel. Analysieren Sie faktenbasiert mithilfe der Fundamentalanalyse und vermeiden Sie unüberlegte Impulskäufe.

4. **Zeit:** Versuchen Sie nicht den Markt zu timen. Investieren Sie langfristig und halten Sie in schwächeren Börsenphasen Ausschau nach Kaufgelegenheiten.

5. **Unabhängigkeit:** Lesen Sie Nachrichten, Analysen und Expertenmeinungen, um Informationen zu sammeln. Nehmen Sie diese jedoch niemals für bare Münze und bleiben Sie in Ihren Entscheidungen mental unabhängig.

Kapitel 4

Risiken beim Investieren

Das magische Dreieck der Geldanlage

Totalverlust! Der Supergau für jeden Anleger. Ausschließen kann man dieses Horrorszenario zwar nicht, jedoch ist es möglich die Risiken, die dazu führen könnten, zu minimieren. Eigentlich möchten Sie nichts von Risiken hören und viel lieber risikolos investieren? Dann habe ich schlechte Nachrichten für Sie: So etwas wie ein risikofreies Investment gibt es nicht. Ausnahmslos alle Anlageformen (sogar das Geld auf Ihrem Girokonto) sind bestimmten Risiken ausgesetzt. Genauer gesagt befindet sich Form der Geldanlage in einem Spannungsverhältnis aus Rendite, Risiko und Liquidität.

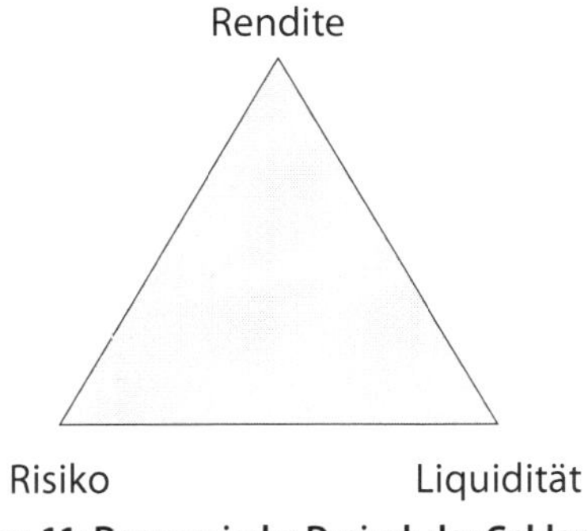

Abbildung 11: Das magische Dreieck der Geldanlage[25]

[25] Eigene Darstellung in Anlehnung an Becker, P. (2010), Investing in Microfinance.

Ziel eines jeden Investments ist die Optimierung der drei Charakteristika:

- **Rendite:** Die Investition soll einen möglichst hohen Ertrag (Gewinn) erzielen.
- **Risiko:** Die mit der Anlage verbundenen Risiken sollen minimal bzw. die Sicherheit der Geldanlage soll maximal sein.
- **Liquidität:** Die Investition solle maximal liquide sein, d.h. jederzeit verfügbar und handelbar[26].

Die ideale Anlage bietet also hohe Gewinne, geringes Risiko und hohe Liquidität. In der Realität existiert so eine Anlage nicht. Die Höhe des Risikos ist je nach Art der Kapitalanlage unterschiedlich hoch. So gilt das Girokonto allgemein als sicher, jedoch können selbst Banken und Staaten zahlungsunfähig werden. Wie Sie sich schon denken können, geht ein erhöhtes Risiko mit einer höheren Rendite einher. Investoren erwarten bei steigenden Anlagerisiken also höhere Renditen[27]. Die höhere Rendite gilt dabei als „Entschädigung" für das Eingehen eines erhöhten Risikos. Vermutlich haben Sie sich daher entschlossen in Aktien investieren zu wollen und ihr Geld nicht länger risikolos, aber auch ertragslos auf dem Sparkonto dahinsiechen zu lassen. Der Zielkonflikt zwischen Maximaler Rendite und Minimalem Risiko wird in Abbildung 12 dargestellt.

[26] Bargeld ist bspw. sehr liquide, da jederzeit verfügbar und sofort handelbar. Eine Immobilie hingegen ist weniger liquide, da sie nicht augenblicklich in Geld umgetauscht werden kann. Meist vergehen bis dahin Tage, Wochen oder sogar Monate.

[27] Ein höheres Risiko ist nicht zwangsläufig mit einer höheren Rendite gleichzusetzen ist. Vielmehr ist es so, dass Investitionen mit höherem Risiko die Chance (!) höherer Renditen aufweisen. Garantiert sind diese jedoch nicht.

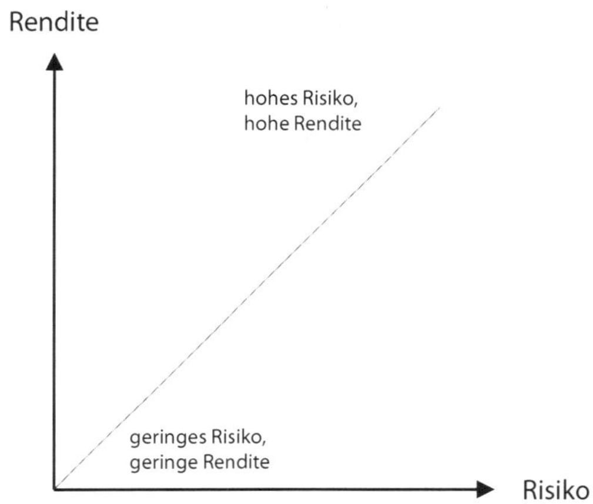

Abbildung 12: Zielkonflikt zwischen Rendite und Risiko eines Investments[28]

In der folgenden Tabelle finden Sie eine Einschätzung zur groben Orientierung bzgl. Renditechance, Risiko und Liquidität einiger Anlageklassen:

Tabelle 7: Einschätzung von Renditechance, Risiko und Liquidität ausgewählter Anlageklassen[29]

Anlageform	Renditechance	Risiko	Liquidität
Bankguthaben	sehr gering	gering	sehr hoch
Festgeld	gering	gering	gering bis mittel
Aktien	hoch	mittel bis hoch	mittel bis hoch
ETFs	mittel bis hoch	mittel bis gering	mittel bis hoch
Anleihen	gering bis mittel	mittel bis gering	mittel bis gering
Immobilien	mittel	mittel bis gering	gering
Gold	gering	mittel bis gering	mittel bis hoch
Kryptowährungen	sehr hoch	sehr hoch	hoch
Sammlerobjekte[30]	hoch bis sehr hoch	sehr hoch	gering

[28] Eigene Darstellung in Anlehnung an Pindyck, R. S. & Rubinfeld D. L. (2018), Mikroökonomie.

[29] In Anlehnung an Zinsbaustein, Das magische Dreieck der Geldanlage (2021).

[30] Z.B. Wein, Kunst, Briefmarken

Betrachten Sie die Einordnung in Tabelle 7 als Richtwert, denn innerhalb jeder Anlageklasse gibt es unterschiedliche Ausprägungen der Höhe von Renditechance, Risiko und Liquidität. So hat die Aktie eines Technologie-Start-ups, das (noch) Verluste schreibt, wahrscheinlich höhere Renditechancen, aber eben auch ein deutlich erhöhtes Risiko gegenüber einer konservativen Aktie eines Unternehmens aus der Öl-Branche.

Wir halten also fest, dass jedes Investment mit gewissen Risiken behaftet ist. Eine Anlage in Aktien kann dennoch äußerst lukrativ sein, sofern die damit verbundenen Risiken erkannt und minimiert werden. Gelingt dies, überwiegen die Vorteile (Renditechancen) bei Weitem. Aufgrund dessen ist es für Sie als Investor essenziell die Risiken der Geldanlage zu kennen *bevor* Sie einsteigen.

Welchen Risiken bin ich als Anleger ausgesetzt?

Ein Risiko liegt immer dann vor, wenn etwas unsicher, also unplanbar und unvorhersagbar ist. Das Eintreten eines Risikos muss dabei nicht zwangsläufig negative Auswirkungen für den Anleger haben, auch positive Impulse für die Kursentwicklung sind denkbar. In diesem Abschnitt werden wir kurz und kompakt eine Reihe ausgewählter Risiken besprechen, die Sie als Anleger kennen sollten. Sie werden sehen: Viele davon sind eng miteinander verbunden.

Kursrisiko

Aktienkurse schwanken. Diese Schwankungen werden als Volatilität bezeichnet und sind ein vielbeachtetes Maß für das *Kursrisiko*. Die Volatilität kann durch viele Faktoren beeinflusst werden, wie z.B. Politik, Konjunktur, Nachrichten, unerwartet gute oder schlechte Quartalsergebnisse, Probleme in der Produktion u.v.m. Für Anleger sind diese Schwankungen vor Allem über kurze Anlagezeiträume ein ernst zu nehmender Risikofaktor, spielen bei langfristigen Investitionen aber eine untergeordnete Rolle.

Merke!

Aktienkurse sind volatil. Je länger der Anlagehorizont, desto geringer ist der Einfluss dieser Kursschwankungen auf die Performance von Aktien.

Klumpenrisiko

Das *Klumpenrisiko* (auch *Konzentrationsrisiko*) ist hoch, wenn ein Portfolio eine zu einseitige Ausrichtung hat. Dies ist z.B. dann der Fall, sobald Sie ausschließlich auf Titel einer bestimmten Anlageklasse, einer Branche, eines Landes, oder sogar nur die Aktien eines einzigen Unternehmens setzen. Die Kursentwicklung von Aktien innerhalb einer Branche korreliert stark miteinander. Fällt eine Aktie dieser Branche, ist es wahrscheinlich, dass die Kurse anderer Aktien derselben Branche ebenfalls sinken. Die einfache Regel lautet: Je unterschiedlicher die Merkmale der Anlageprodukte, in die Sie investieren, desto geringer ist Ihr Klumpenrisiko.

Merke!

Die Aktienkurse von Unternehmen mit sehr ähnlichen Merkmalen (z.B. derselben Branche) korrelieren typischerweise stärker miteinander als mit dem Gesamtmarkt. Je verschiedener die Unternehmen sind, deren Aktien Sie besitzen, desto geringer ist das Klumpenrisiko Ihres Portfolios.

Liquiditätsrisiko

Die Liquidität eines Investments haben wir bereits im Zuge des „magischen Dreieck der Geldanlage“ angesprochen. Sie ist eines der wesentlichen Charakteristika einer Investition, die es zu maximieren gilt. Gleichzeitig stellt mangelnde Liquidität ein nicht zu unterschätzendes Anlagerisiko dar. Denn die größte Wertsteigerung eines Investments nützt Ihnen nichts, wenn Sie es nicht verkaufen können.

Ein maximal liquides Investment, kann zu jeder Zeit gehandelt und unverzüglich in Geld „umgewandelt“ werden. Für eine solches Anlage finden sich also immer genügend Käufer und Verkäufer. Gleichzeitig ist der Spread[31] möglichst gering. Sie können das *Liquiditätsrisiko* eines Investments über die Höhe des Handelsvolumens einschätzen. So sind hohe Handelsvolumina einer Aktie als großes Interesse der Marktteilnehmer für diesen Titel zu deuten. Solche Aktien werden häufiger und schneller gehandelt als Titel mit geringerem Volumen. Die Aktien großer, bekannter Unternehmen sind daher typischerweise sehr liquide, während

[31] Zur Erinnerung: *Spread bzw. Bid-Ask-Spread* oder *Geld-Brief-Spanne* ist die Differenz zwischen Angebotspreis (des Verkäufers, engl. ask) und Gebotspreis (des Käufers, engl. bid).

Exoten oder Aktien mit sehr geringem Börsenwert (vgl. S. 115) weniger liquide sind. Dies kann auch auf Immobilien und komplexe Anlageprodukte, wie einige Derivate zutreffen.

> **Merke!**
>
> Das Liquiditätsrisiko von Aktien im Allgemeinen ist überschaubar. Exotische Aktien und andere Anlageformen sind eher davon betroffen. Hohe Handelsvolumina einer Aktie sind ein Indikator für eine hohe Liquidität. Zudem sollte die Differenz zwischen Angebots- und Verkaufspreis (Spread) möglichst gering sein.

Wechselkursrisiko

Ausländische Aktien notieren häufig in einer Fremdwährung. Angenommen Sie sind Bürger des Euroraums und alle Ihre Einkommen und Ersparnisse lauten auf Euro. Investieren Sie nun in Aktien, die in US-Dollar notieren, kann es sein, dass diese Aktien zwar steigen, Sie beim Verkauf dennoch weniger Euro erhalten als Sie ursprünglich investiert hatten. Dies kann vorkommen, wenn sich in Zwischenzeit der Wechselkurs des Euro zum Dollar für Sie negativ entwickelt hat, d.h. in diesem Beispiel, wenn der Euro gegenüber dem Dollar aufgewertet hat.

Andererseits kann das *Wechselkursrisiko* Ihnen auch in die Karten spielen. Dies ist der Fall, wenn die lokale Währung (z.B. Euro) gegenüber der ausländischen Anlagewährung (z.B. US-Dollar) abwertet, also an Wert verliert. Dann kann es vorkommen, dass Sie selbst bei Wertverlust der Geldanlage in Dollar, beim Verkauf dennoch mehr Euro zurückerhalten, als Sie eingangs angelegt hatten.

Merke!

Investments in Fremdwährungen unterliegen dem Währungsrisiko. Beispiel mit Fremdwährung USD und Heimatwährung EUR:

a) Wertet Ihre Heimatwährung gegenüber der Fremdwährung ab („EUR fällt"), steigt der Wiederverkaufswert Ihres Investments.
b) Wertet Ihre Heimatwährung gegenüber der Fremdwährung auf („EUR steigt"), sinkt der Wiederverkaufswert Ihres Investments.

Geschäftsrisiko

Das *Geschäftsrisiko* (engl. *business risk*) ist das mit dem Kerngeschäft des Unternehmens verbundene Risiko. Die gewöhnliche Geschäftstätigkeit eines Autohersteller ist beispielsweise die Entwicklung, Produktion und der Verkauf von Autos.

Bleiben wir beim Beispiel des Autoherstellers: Im Rahmen seiner gewöhnlichen Geschäftstätigkeit und in der Hoffnung auf steigende Absatzzahlen, hat dieser kürzlich hohe Summen in neue Produktionsmaschinen investiert. Die Entwicklung der Umsatzzahlen verläuft allerdings nicht wie erhofft und ist sogar rückläufig. Durch die hohen Investitionsausgaben und ausbleibende Einnahmen ist das Unternehmen jetzt anfälliger für eine Insolvenz. Geht der Autohersteller nun tatsächlich bankrott, werden seine Vermögenswerte liquidiert (d.h. seine Maschinen, Immobilien etc. werden verkauft), um ausstehende Zahlungen (Schulden) an Gläubiger und Eigentümer zu begleichen. Als Aktionär sind Sie zwar Teileigentümer eines Unternehmens, jedoch erhalten Sie im Falle einer Liquidation ihr Geld erst nach den Kreditgebern zurück – falls dann noch etwas übrig ist. Als Anleger sollten Sie sich daher bewusst sein, wie die Unternehmen, in die Sie investieren, Geld verdienen und welche Risiken mit diesem Geschäftsmodell verbunden sind.

Merke!

Die Haupttätigkeit von Unternehmen besteht darin, Ressourcen einzusetzen, um Mehrwerte zu generieren und Profite zu erzielen. Das Geschäftsrisiko ist das damit verbundene Risiko.

Politisches Risiko

Politik ist unvorhersehbar. Politische Instabilität, Gesetzgebung und Machtwechsel können sich stark auf die Märkte auswirken. Die dadurch entstehende Ungewissheit wird als *politisches Risiko* bezeichnet.

Allgemein ist das politische Risiko in Schwellenländern und Krisenregionen höher als in Industriestaaten wie Deutschland. Würde es hier jedoch morgen (gottbewahre!) zu einem Militärputsch kommen, würde sich dies an den Aktienmärkten vermutlich mit einem ordentlichen Kursrutsch bemerkbar machen. Allerdings können auch schon weniger dramatische politische Ereignisse die Entwicklung einzelner Aktien, Branchen oder des Gesamtmarktes beeinflussen. So läutete die US-Präsidentschaftswahl 2020 beispielsweise einen politischen Richtungswechsel in Bezug auf die Einstellung zu erneuerbaren Energien ein. Dies wirkte sich positiv auf die Kurse von „grünen“ Aktien aus und der iShares Global Clean Energy ETFs stieg in weniger als zwei Monaten um knapp 35% (vgl. Abbildung 13).

Abbildung 13: Entwicklung des iShares Global Clean Energy ETFs um die US-Präsidentschaftswahl 2020. „Grüne" Aktien steigen nach der Entscheidung.[32]

Merke!

Das Politische Risiko ist in Schwellenländern und Krisenregionen höher als in Industriestaaten. Politische Entscheidungen und Richtungswechsel sind nicht zwangsläufig schlecht für die Kurse und können auch Chancen für bestimmte Branchen und Unternehmen bieten.

Inflationsrisiko

Inflation ist die Verteuerung des allgemeinen Preisniveaus. Eine Inflationsrate von 2% im Vergleich zum Vorjahr bedeutet also, dass die Preise in diesem Zeitraum um 2% gestiegen sind. Anders gesagt, verringert die Inflation die Kaufkraft Ihres Geldes. Bei einer Inflationsrate von 2% wäre es für einen Verbraucher also günstiger gewesen seine Ausgaben (z.B. die Anschaffung eines neuen Sofas) bereits im vergangenen Jahr getätigt zu haben. Das

[32] Diagramm von / chart courtesy of StockCharts.com

Inflationsrisiko resultiert aus der Ungewissheit, ob das allgemeine Preisniveau in Zukunft teurer oder günstiger sein wird als heute.

Mäßige Teuerungsraten gelten jedoch als „gesund“ für die Wirtschaft, da sie Marktteilnehmer dazu verleiten, ihr Geld in der Gegenwart auszugeben. Insbesondere für Anleger, die in Zahlungsmitteläquivalente investieren und dafür einen festen Zinssatz erhalten, schmälert die Inflation die Renditen[33]. Denn sämtliche sich auf Geld beziehende Vermögenswerte und Einkommen verlieren 1:1 zur Inflation an Wert. Für Kreditnehmer sind hohe Inflationsraten hingegen ein Segen, da deren Schulden mit der Zeit real immer weiter an Wert verlieren. Sachwerte, aber auch Aktien, sind mittel- und langfristig weniger anfällig für das Inflationsrisiko. Dies gilt insbesondere für Aktien von Unternehmen, die etwaige Preissteigerungen an ihre Kunden weitergeben können.

Das Gegenteil von Inflation ist Deflation und beschreib ein allgemeines Sinken der Verbraucherpreise. In einem Deflationsszenario profitieren Verbraucher und Konzerne davon, Ausgaben in die Zukunft zu verschieben. Ein sinkendes Preisniveau kann die viel schlimmere Alternative zu einer moderaten Inflationsrate sein, da es die gesamte Wirtschaft lähmen kann: Kein Unternehmen und kein Privathaushalt möchte noch Geld ausgeben, wenn es sich in der Zukunft stattdessen ganz von selbst vermehrt. Somit ist die Inflation (sofern sie gemäßigt auftritt) kein Schreckensgespenst, sondern politisch durchaus gewollt. Folgerichtig

[33] Die „nominale Rendite“ (also z.B. der offizielle Guthabenszins, den Ihnen Ihre Bank verspricht) abzüglich der Inflationsrate (und weiteren Abgaben wie z.B. Steuern) wird als „reale Rendite“ oder auch „inflationsbereinigte Rendite“ bezeichnet.

strebte die Europäische Zentralbank in der Vergangenheit Inflationsraten zwischen 0 und 2% an.

Merke!

Das Inflationsrisiko beschreibt die Ungewissheit, wie sich die Preise in Zukunft entwickeln werden. Inflation bedeutet eine allgemeine Preissteigerung und somit einen Kaufkraftverlust über die Zeit. Sie verleitet dazu Geld in der Gegenwart auszugeben. Deflation hingegen bedeutet eine Verbilligung des Preisniveaus und führt zu einer Steigerung der Kaufkraft in der Zukunft. Positive, geringe Inflationsraten (etwa 0 bis 2%) gelten als „gesund" für die Wirtschaft.

Zinsrisiko

Eng verbunden mit dem Inflationsrisiko ist das *Zinsrisiko*. Im Euro-Währungsraum legt die Europäische Zentralbank (EZB) den sog. Leitzins fest. An diesem Leitzins orientieren sich die Banken bei der Kreditvergabe und der Einlage von Ersparnissen ihrer Kunden. Folglich hat der Leitzins einen direkten Einfluss darauf

1. zu welchem Zinssatz Privatpersonen bzw. Unternehmen sich Geld leihen können und
2. welchen Guthabenzins Privatpersonen bzw. Unternehmen für Geld auf dem Bankkonto erhalten

In der Wirtschaft ist das Zinsrisiko hauptsächlich relevant für Unternehmen, die einen hohen Anteil an Fremdkapital (also Schulden) haben und damit ihre laufenden Kosten und Investitionen finanzieren. In Zeiten eines steigenden Leitzinses, können

Unternehmen mit hohen Schuldenquoten in Bedrängnis geraten, da sich Ihre Finanzierungskosten erhöhen. (Statt für 0-1% pro Jahr können sie sich dann beispielsweise nur noch für 7% pro Jahr Geld leihen.) Diese Kostenerhöhung führt dazu, dass sich die Gewinnmargen stark verschuldeter Unternehmen verringern und womöglich sogar zu Verlusten werden. Auch Insolvenzen sind bei drastischen Zinssprüngen nicht auszuschließen. Das Zinsrisiko gilt auch für Privathaushalte – z.B. hochverschuldete Familien, die ihr Eigenheim abbezahlen wollen, aber vom Leitzins der EZB abhängig sind.

Der von der EZB festgelegte Leitzins steht in direkter Wechselwirkung mit der Inflation, wie in Abbildung 14 veranschaulicht. Das Hauptziel der EZB ist es, stabile Preise zu gewährleisten, also keine bis geringe Inflationsraten zu erzielen und somit die Kaufkraft des Euro zu erhalten.

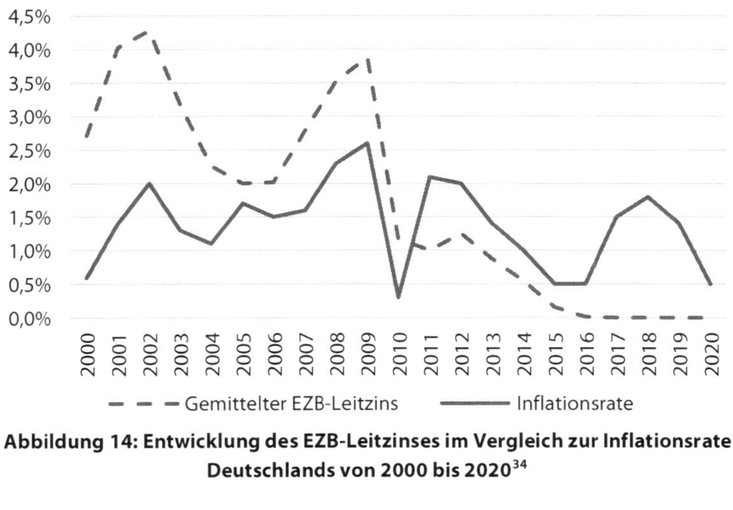

Abbildung 14: Entwicklung des EZB-Leitzinses im Vergleich zur Inflationsrate Deutschlands von 2000 bis 2020[34]

[34] Eigene Darstellung. Datenquelle: Statista (2021), Entwicklung der Inflationsrate Deutschlands und der gemittelten Leitzinsen der EZB von 1999 bis 2020.

In einem üblichen Marktumfeld gilt Folgendes: Wird der Leitzins erhöht, verteuern sich Kredite, es wird weniger Geld ausgegeben und die Inflation sinkt. Wird der Leitzins gesenkt, werden Kredite billiger, es wird mehr Geld ausgegeben und die Inflation steigt. Die EZB hat mit der Bestimmung des Leitzinssatzes also ein Instrument, um die Inflationsrate (zu einem gewissen Grad) zu beeinflussen.

Merke!

Leitzins und Inflation sind abhängig voneinander. Die EZB versucht mit dem Instrument „Leitzins" die Inflationsrate auf einem bestimmten Niveau zu halten. Typischerweise gilt folgende Wechselwirkung:

Was macht...	
...der Leitzins?	**...die Inflation?**
sinkt	steigt
steigt	sinkt

Wie kann ich Anlagerisiken minimieren?

Abbildung 15: „Don't put all your eggs in one basket."[35]

Es gibt verschiedene Möglichkeiten sich gegen Anlagerisiken abzusichern. Die wohl einfachste und gleichzeitig weitreichendste Methode ist die Diversifizierung.

Diversifizierung

Diversifizierung ist die Streuung von Risiken. Durch eine geeignete Umsetzung ist es möglich, die Auswirkungen einzelner Risiken auf das Gesamtportfolio zu reduzieren. Dabei werden bewusst Investitionen ausgewählt, deren Wertentwicklungen eine möglichst geringe Korrelation (Abhängigkeit) zueinander haben. Die einzelnen Risiken werden also nicht eliminiert, sondern das Gesamtrisiko des Portfolios durch die gezielte Risikostreuung verringert. Der Satz „don't put all your eggs in one basket" (dt.

[35] Bildquelle: Igor Zakowski / Shutterstock.com

lege nicht alle deine Eier in einen Korb) mag zwar abgedroschen klingen, ist jedoch ein Satz mit Daseinsberechtigung und bringt die Funktionsweise der Diversifizierung auf den Punkt.

Wie diversifiziere ich mein Portfolio?

Im Wesentlichen kann man zwei Arten der Diversifizierung unterscheiden:

1. **Nach Anlageklasse:** In der Vergangenheit haben sich verschiedene Anlageklassen unterschiedlich entwickelt. Daher ist eine Diversifizierung innerhalb Ihres Portfolios sinnvoll. Eine riskooptimierte Anlageaufteilung[36] könnte z.B. so aussehen:
   - x % in Bargeld / Bankguthaben
   - y % in Aktien
   - z % in Anleihen
   - a % in Immobilien
   - ...
2. **Innerhalb der Anlageklasse:** Für Aktien kann eine Streuung innerhalb der Anlageklasse beispielsweise realisiert werden, indem Sie Wertpapiere von Unternehmen mit verschiedenen Merkmalen halten. Diese können sich unterscheiden nach:
   - Branche des Unternehmens (z.B. Technologie, Gesundheitswesen, Erneuerbare Energien)
   - Land bzw. Region (z.B. weltweit, Nordamerika, Deutschland, Schwellenländer)

[36] Die Zusammensetzung Ihres Portfolios aus den verschiedenen Anlageformen wird Anlage-, Vermögens-, Portfolio- bzw. Assetaufteilung oder auch -allokation bzw. -struktur genannt.

- Größe des Unternehmens (z.B. klein, mittel, groß)
- Währung der Aktie (z.B. US-Dollar, Euro, Yen)

Natürlich können weitere Faktoren zur Streuung herangezogen werden. Am Beispiel „Aktie“ ist die Diversifizierung nach Anlageklasse und innerhalb der Anlageklasse in Abbildung 16 dargestellt:

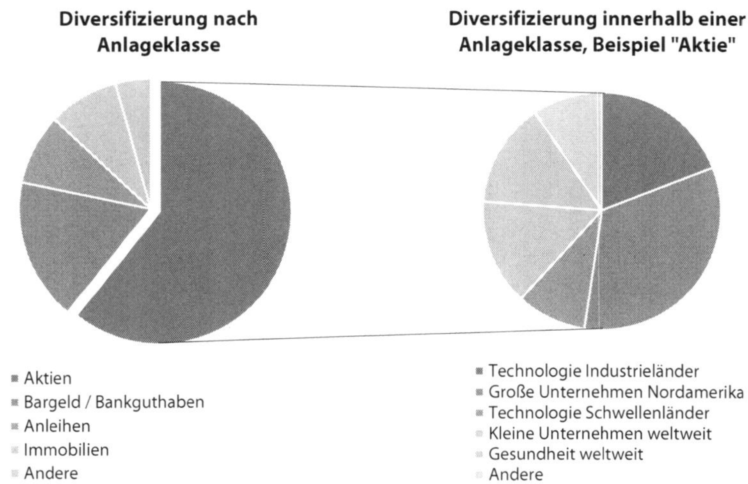

Abbildung 16: Diversifizierung nach Anlageklasse und innerhalb einer Anlageklasse am Beispiel „Aktie“

In welche Anlageklasse soll ich investieren?

Es gibt keine Anlageklasse, die für jeden Investor gleichermaßen geeignet ist. Um herauszufinden, welche Anlageformen am besten zu Ihren Bedürfnissen passen, sollten Sie sich über die folgenden beiden Faktoren Gedanken machen:

1. **Zeitraum:** Über welchen Zeitraum wollen Sie investieren? Sind es Monate, Jahre oder gar Jahrzehnte? Wie wir

bereits zu Anfang dieses Buches festgestellt haben, steigt mit der Länge des Anlagehorizonts die Wahrscheinlichkeit mit Aktiengeschäften nachhaltige Gewinne zu erzielen (vgl. S. 14). Für langfristige Anleger (15 Jahre oder mehr) ist ein hoher Anteil an Aktien im Portfolio daher oftmals ein durchaus zumutbares Risiko gepaart mit hohen Renditechancen. Dies kann z.B. der Fall sein, wenn Sie Geld für Ihren Ruhestand investieren wollen, ihr Renteneintritt jedoch noch weit in der Zukunft liegt. Sollten Sie hingegen nur wenige Monate Zeit haben, um Ihr Geld für sich arbeiten zu lassen, sind Aktien aufgrund Ihrer (kurz- bis mittelfristigen) Volatilität womöglich nicht die richtige Anlageklasse. In diesem Fall könnten sich risikoärmere Geldanlagen (wie z.B. Festgeld oder Anleihen) für Ihre kurzfristigen finanziellen Ziele besser eignen.

2. **Risikotoleranz:** Wie groß ist Ihre Bereitschaft einen Teil oder sogar die gesamte Investition im Gegenzug für eine Chance auf höhere Renditen aufs Spiel zu setzen? Für aggressive Investoren eignen sich häufig Wachstumsaktien, Titel kleinerer Unternehmen oder aus Schwellenländern mit typischerweise höheren Renditechancen. Für konservativere Anleger gibt es risikobewusstere Alternativen wie Value-Aktien, Dividendentitel und allgemein Aktien großer, etablierter Unternehmen mit solider Kapitalbasis. Möglich ist auch eine Mischung aus konservativeren und risikoreicheren Investments. Schauen Sie sich gerne noch mal die Einschätzung verschiedener Anlageformen bzgl. Rendite, Risiko und Liquidität in der Tabelle auf S. 63 an.

Merke!

Je länger der Anlagezeitraum, desto eher eignen sich Aktien, um langfristige Wertsteigerungen zu erzielen. Das Risiko sinkt typischerweise mit der Streuung und der Anlagedauer. Lediglich für kurzfristige Investitionen (Monate bis wenige Jahre) sind risikoärmere festverzinsliche Instrumente (wie z.B. Festgeld oder Anleihen) eine ernsthafte Alternative. In den heutigen Niedrigzinszeiten kann man damit jedoch kaum nennenswerte Renditen einfahren.

Einfache Diversifizierung durch Fonds und ETFs

Wenn Sie jetzt denken, dass Sie 20, 30 oder 100 verschiedene Aktien kaufen müssen, um eine ausreichende Diversifizierung zu erreichen, liegen Sie falsch. Bereits mit fünf bis zehn verschiedenen Titeln können Sie, bei kluger Auswahl, eine vernünftige Risikostreuung erreichen. Denken Sie bei der Erstellung Ihres Portfolios ebenso daran, dass Sie den Überblick über Ihre Investments behalten müssen. Aus diesem Grund sollten Sie auch nicht zu viele verschiedene Titel in Ihr Depot aufnehmen. Diversifizierung um jeden Preis führt neben geringerem Risiko nämlich auch zu geringeren Renditechancen.

Viel einfacher als über den direkten Kauf von Aktien können Sie eine Diversifizierung über Fonds und ETFs erreichen. In beiden Fällen können Sie mit einem einzigen Kauf in mehrere Unternehmen und teils sogar in verschiedene Anlageklassen gleichzeitig investieren. Beispielsweise können Sie über einen Indexfonds, der einen Großteil des weltweiten Aktienmarktes abdeckt, mit nur einem Kauf in tausende Unternehmen investieren und so eine hohe Streuung erreichen. Andererseits gibt es auch stark fokussierte Fonds und ETFs, z.B. mit dem Schwerpunkt auf einzelne Branchen oder Länder. Diese eignen sich als Einzelinvestment nicht unbedingt zur Diversifizierung. Wenn Sie in solche Themenfonds bzw. -ETFs investieren, bietet sich jedoch ein Portfolio aus verschiedenen Themenfonds bzw. -ETFs an, um eine gute Streuung zu erreichen. Mehr zum Thema ETFs erfahren Sie im Kapitel ETF-Spezial.

Rebalancing

Nehmen wir an, Sie haben sich zur Diversifizierung Ihres Portfolios für die folgende Anlageaufteilung entschieden: Neben Ihrem Notgroschen wollen Sie Ihr Vermögen zu 75% in Anlageklasse 1 (ETFs) und zu 25% in Anlageklasse 2 (Aktien) investieren. Im Laufe der Zeit wird sich dieses Verhältnis höchstwahrscheinlich verändern. Durch unterschiedliche Wertentwicklungen (Renditen) wird der prozentuale Anteil einer der beiden Anlageklassen in Ihrem Portfolio zunehmen, während der Anteil der anderen Klasse sinken wird. Regelmäßiges *Rebalancing* (dt. *Neugewichtung*) dient der Wiederherstellung Ihrer ursprünglichen Portfoliostruktur und stellt sicher, dass die ursprünglich von Ihnen festgelegte Anlageaufteilung (und somit ein für Sie komfortables Risikoniveau) wiederhergestellt wird.

Um beim Beispiel zu bleiben, werfen Sie bitte einen Blick auf Abbildung 17: Würde sich der Wert Ihrer ETFs (Anlageklasse 1) zunächst schwächer entwickeln als der Ihrer Aktien (Anlageklasse 2), so könnten Sie beim nächsten Rebalancing Teile Ihrer Aktien in die nun unterrepräsentierte Anlageklasse der ETFs umschichten mit dem Ziel das Gleichgewicht Ihres Portfolios wiederherzustellen. Sollte zu einem späteren Zeitpunkt der Wert

Ihrer ETFs nun stark gegenüber dem Wert Ihrer Aktien gestiegen sein, würden Sie bei der nächsten anstehenden Neugewichtung einige Ihrer ETFs verkaufen und den Erlös in Aktien investieren.

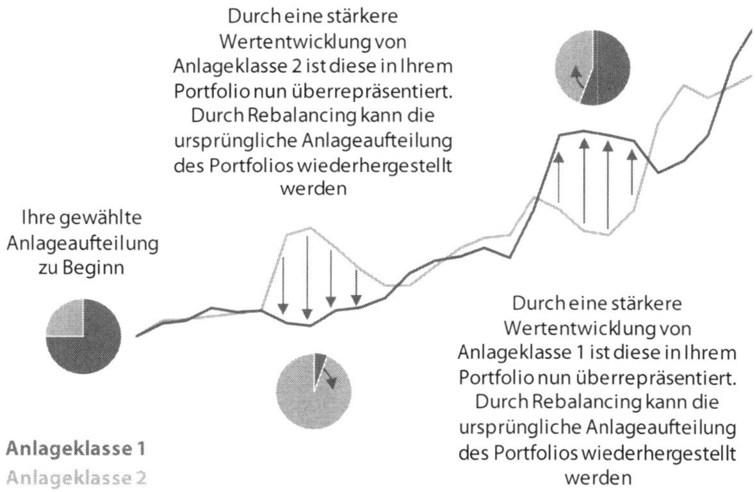

Abbildung 17: Durch unterschiedliche Wertentwicklungen der Anlageklassen über die Zeit verändert sich die ursprüngliche Gewichtung Ihres Portfolios [37]

Nehmen Sie Ihre Emotionen aus dem Spiel!

Nicht selten kommt es vor, dass Anleger positive Gefühle gegenüber Investments aufbauen, die überdurchschnittlich gut gelaufen sind. In solchen Fällen kann es schwierig sein, sich von Teilen seiner „Gewinner“ zu trennen und das Geld stattdessen in die „Verlierer“ umzuschichten. Vorher festgelegte Regeln für das Rebalancing können Ihnen dabei helfen diese Emotionen unter Kontrolle bekommen. Neben der Wiederherstellung Ihres ursprünglich gewählten Risikoniveaus, zwingt Sie die

[37] Eigene Darstellung in Anlehnng an Ginmon Vermögensverwaltung (2021), Rebalancing.

Neugewichtung nämlich auch dazu die „Gewinner“ teuer zu verkaufen und die „Verlierer“ günstig nachzukaufen. Nicht schlecht, oder?

Was gibt es beim Rebalancing zu beachten?

Prinzipiell gibt es zwei Herangehensweisen, mit denen sich Neugewichtungen realisieren lassen:

1. Teilverkauf von übergewichteten Anlagen, um mit dem freigewordenen Kapital in untergewichtete Anlagen zu investieren.
2. Zufluss von frischem Kapital in das Portfolio, um damit so viel in die untergewichteten Anlagen zu investieren bis die ursprüngliche Anlageaufteilung erreicht ist.

Bedenken Sie vor dem Rebalancing, welche steuerlichen Auswirkungen dies für Sie haben könnte. Sollten Sie übergewichtete Investments verkaufen, müssten Sie womöglich Steuern auf die erzielten Gewinne abführen und weitere Gebühren könnten anfallen, sodass Ihnen nicht der vollständige Verkaufsgewinn zum Rebalancing zur Verfügung stünde.

Wie häufig soll ich ein Rebalancing durchführen?

Ob und wann Sie Ihr Portfolio neugewichten, ist Ihnen überlassen. Allgemein gibt es zwei verschiedene Möglichkeiten zur Festlegung des Zeitpunktes:

1. In festen zeitlichen Abständen (z.B. alle sechs oder 12 Monate) oder

2. sobald der Anteil einer Anlageklasse um mehr als einen bestimmten, vorher festgelegten, Prozentsatz gestiegen oder gefallen ist.

Merke!

Regelmäßiges Rebalancing verhindert die Bildung eines Klumpenrisikos in Ihrem Portfolio. Es ermöglicht ein konstant bleibendes Risikoniveau und kann Ihnen dabei helfen sich vor Ihren eigenen Emotionen zu schützen.

Zusammensetzung des Portfolios im Laufe eines Lebens

Die klassische langfristige Geldanlage empfiehlt häufig ein Wertpapierportfolio bestehend aus einer Mischung von Anleihen und Aktien.[38] In jungen Jahren wird Investoren zu einem höheren Anteil an Aktien geraten, der sich im Laufe der Zeit zugunsten von Anleihen verschiebt. Hintergrund sind die folgenden Annahmen:

1. Aktien sind volatiler, können kurzfristig also an Wert verlieren, bringen langfristig jedoch höhere Renditechancen als Anleihen.
2. Anleihen sind zwar weniger volatil als Aktien, bieten jedoch geringere Renditechancen.
3. Je länger der Anlagezeitraum, desto länger können schwache Börsenphasen „ausgesessen“ werden.
4. In jungen Jahren wird Einkommen generiert, von dem ein gewisser Teil für den Ruhestand angelegt werden kann. Im Ruhestand liegt die Rente bzw. Pension i.d.R. deutlich unter dem letzten Einkommen. Die so entstandene „Rentenlücke“ soll durch Entnahmen aus dem bis dahin investierten Kapital geschlossen werden.

Die Aufteilung Ihres Portfolios ist Ihre persönliche Entscheidung, daher ist es unmöglich eine für jedermann gültige Empfehlung abzugeben. Dennoch möchte ich mit Ihnen im Folgenden an einem Beispiel besprechen, wie eine Portfoliostruktur in

[38] Wie bereits besprochen sollten Sie darüber hinaus jederzeit über genügend Barmittel für „schlechte Zeiten“ oder unregelmäßige bzw. unerwartete Ausgaben verfügen.

Abhängigkeit von ihrem Alter, also der Anlagedauer, und Ihrer persönlichen Risikotoleranz aussehen könnte.

Der junge Investor

Als junger Investor liegt Ihr Ruhestand noch viele Jahre in der Zukunft. Sie gehen davon aus, bis dahin stetige Einkommen zu erzielen, von denen Sie einen Teil für Ihren Ruhestand investieren möchten. Sie befinden sich noch am Anfang dieser "Ansparphase" und wollen, je nach Risikoneigung, einen mehr oder weniger großen Teil Ihres Vermögens in Aktien anlegen. Anleihen sind für Sie, aufgrund der im langjährigen Durchschnitt geringeren Rendite als Aktien, zurzeit wenig interessant. Als risikoaverser Investor legen Sie dennoch einen geringen Prozentsatz Ihres Portfolios in Anleihen an.

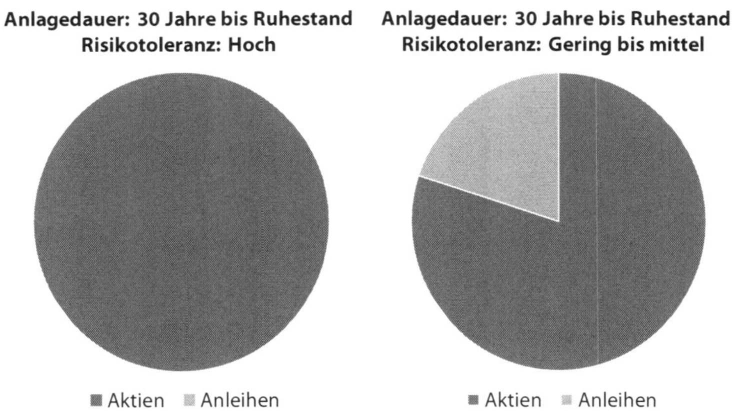

Abbildung 18: Portfolioaufteilung Aktien vs. Anleihen 30 Jahre vor dem Ruhestand. Beispiel aggressiver vs. konservativer Anleger.

Noch zehn Jahre bis zum Ruhestand

Sie erinnern sich an das Beispiel vom Anfang dieses Buches: Eine breit gestreute Investition in Aktien aus aller Welt hat bei einem

Anlagehorizont von zehn Jahren oder mehr in der jüngeren Vergangenheit fast nie Verluste erzielt. Nun, etwa 10 Jahre vor dem Beginn Ihres Ruhestands, wollen Sie daher im Rahmen Ihres regelmäßigen Rebalancings beginnen, Ihr Portfolio allmählich zugunsten von wertstabileren, festverzinslichen Anleihen umzuschichten. Je nach Risikoaffinität verkaufen Sie nun schrittweise Teile Ihrer Aktien und schichten die Erlöse in Anleihen um.

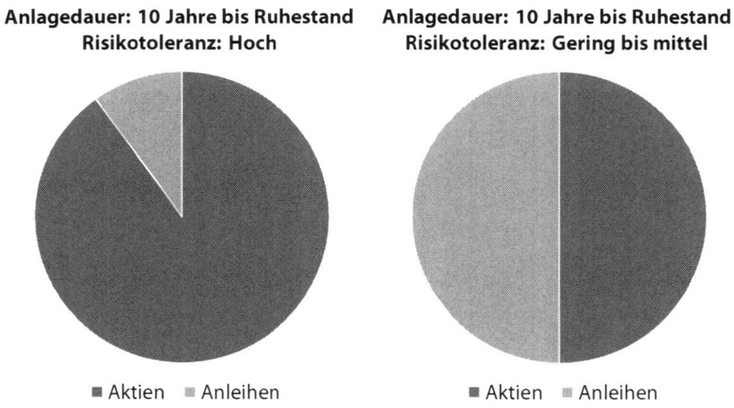

Abbildung 19: Portfolioaufteilung Aktien vs. Anleihen 10 Jahre vor dem Ruhestand. Beispiel aggressiver vs. konservativer Anleger.

Investor im Ruhestand

Im Ruhestand angekommen, wollen Sie ihr Portfolio vermehrt gegen die Schwankungen der Märkte absichern. Als risikoscheuer Anleger besteht Ihr Portfolio nun zum Großteil aus festverzinslichen Anleihen, da Sie regelmäßig Kapital aus Ihrer Investitionssumme abziehen und negative Überraschungen vermeiden wollen. Je nachdem, ob bzw. wieviel Geld Sie regelmäßig aus Ihrem Portfolio entnehmen möchten, können Sie auch weiterhin vermehrt auf Aktien setzen, um von zukünftigen Wertsteigerungen an der Börse zu profitieren. Die Aktien, die Sie nun halten sind vermehrt konservativere Wertpapiere, wie z.B. Dividendentitel. Diese tragen zur Reduzierung der Schwankungsanfälligkeit Ihres Portfolios bei und bringen Ihnen regelmäßige Dividenden zur Aufbesserung Ihrer Rente bzw. Pension.

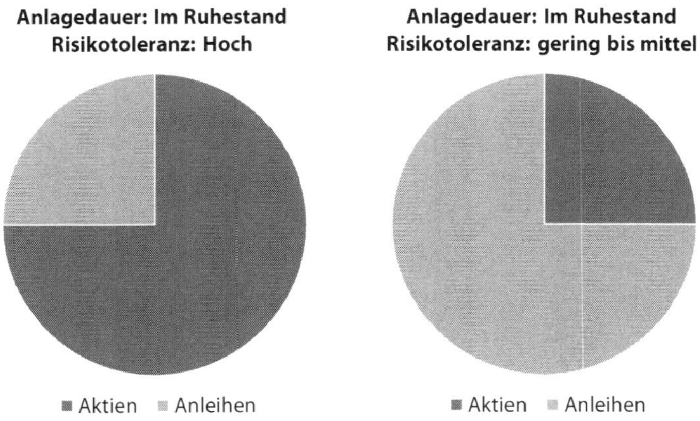

Abbildung 20: Portfolioaufteilung Aktien vs. Anleihen im Ruhestand. Beispiel aggressiver vs. konservativer Anleger.

Kapitel 5

Börsenweisheiten

Im Laufe der Jahre haben sich an der Börse gewisse Redewendungen durchgesetzt, die sich teilweise zu selbsterfüllenden Prophezeiungen[39] entwickelt haben. Viele dieser Sprüche offenbaren die emotionalen Fallen, in die Investoren von Zeit zu Zeit tappen. Sie zu verstehen, kann Ihnen dabei helfen zu beurteilen, ob Ihre Entscheidungen rational oder irrational sind. Im Folgenden werden wir einige der gängigsten Börsenweisheiten besprechen. Sie werden lernen, an welchen dieser Redewendungen etwas dran ist und bei welchen Sie lieber weghören sollten.

„The trend is your friend"

Der Trend ist dein Freund. Ist er das wirklich? Im Verlauf eines langfristigen Trends gibt es immer wieder Kurseinbrüche und Kurserholungen. Während dieser Schwankungen sehen sich Aktionäre wiederholt der Versuchung ausgesetzt zu kaufen oder zu verkaufen. Oftmals ist es jedoch besser, diese kurzfristigen Schwankungen auszusitzen und sich auf den langfristigen Trend zu konzentrieren. Langfristige Trends lassen sich aus Kursverläufen ablesen. Sie können für eine Aktie, eine Branche oder den Gesamtmarkt gelten. Ist die Trendrichtung für alle drei die gleiche, ist der Trend am stärksten. Solange ein Trend intakt ist, ist

[39] Menschen glauben gerne an Vorhersagen. Eine selbsterfüllende Prophezeiung beschreibt das Eintreten einer Vorhersage allein aufgrund ihrer Vorhersage.

der Trend tatsächlich Ihr Freund. Jedoch weiß niemand, wann ein Trend in die andere Richtung umkehrt. Die *Charttechnik* (S. 131 ff.) beschäftigt sich mit der Analyse von Kursverläufen und kann Anhaltspunkte liefern, um mit erhöhter Wahrscheinlichkeit geeignete Zeitpunkte für das Ende eines Trends zu bestimmen.

„Buy the dip"

Kauf das Tief besagt, dass Investoren bei kurzfristigen Kursrückschlägen Aktien zukaufen sollten. In einem Bullenmarkt ist dies sicherlich kein schlechter Rat. Denn bei langfristig steigenden Kursen ist der übergeordnete Trend nach oben gerichtet und nach kurzen Rücksetzern steigen die Kurse wieder. In einem Bärenmarkt hingegen ist diese Redewendung eher unzutreffend, denn hier geht der langfristige Trend zu weiter fallenden Kursen. Außerdem gilt, wie eben gelernt, dass jeder Trend irgendwann sein Ende findet und niemand weiß, wann diese Trendumkehr eintreten wird. Daher ist *Kauf das Tief* in Bullenmärkten bedingt ein guter Ratschlag, in Bärenmärkten jedoch eher mit Vorsicht zu genießen.

„Nicht ins fallende Messer greifen"

Engl. *don't try to catch a falling knife*. Auch wenn es langfristig oft lohnend ist in Korrekturen Aktien zu kaufen, ist es gleichermaßen empfehlenswert „nicht ins fallende Messer zu greifen" und direkt in einen Crash „hineinzukaufen". Für Aktien, die aus fundamentaler Sicht (S. 115 ff.) interessant sind, kann sich ein Kursrutsch als Kaufgelegenheit anbieten. Bei perfektem Timing erwischt ein Aktionär den idealen Einstiegspunkt, also den

Wendepunkt am Boden eines Abwärtstrends. Erholt sich der Kurs erzielt der Anleger womöglich einen satten Gewinn. Wo der Boden dieses Kurssturzes liegen wird, ist allerdings nicht vorhersehbar. So kann es bei verfrühtem Einstieg sein, dass die Abwärtsdynamik anhält und die Aktie weiter an Wert verliert. Der Anleger greift ins fallende Messer.

Mögliche Anhaltspunkte einer bevorstehenden Trendumkehr kann auch hier die *Charttechnik* (S. 131 ff) liefern. So sollte während eines Crashs vor einem Kauf zunächst eine Bodenbildung abgewartet werden. So erwischen Sie vielleicht nicht den perfekten Einstiegszeitpunkt, jedoch immer noch einen guten, ohne dabei ein unüberschaubares Risiko einzugehen.

Eine weitere Strategie einem „fallenden Messer“ aus dem Weg zu gehen, kann es sein, das zu investierende Geld nicht auf einmal in Ihre Wunschaktie(n) zu investieren. Hingegen bietet sich der Kauf in Tranchen, also nach und nach, an. Wollen Sie z.B. 2.000 € in Aktie X anlegen, könnten Sie ohne erfolgte Bodenbildung zunächst 1.000 € investieren, den Markt weiter beobachten und die verbleibenden 1.000 € einige Tage oder Wochen später investieren, wenn sich die Bodenbildung bestätigt hat. Damit streuen Sie Ihr Risiko bzgl. des Einstiegszeitpunktes und erreichen einen möglicherweise besseren durchschnittlichen Kaufkurs.

„Buy the rumors, sell the news"

Kaufe bei Gerüchten, verkaufe bei Fakten. Gemeint ist, dass die Märkte oft schon auf bloße Gerüchte reagieren und diese direkt in den Aktienkurs „einpreisen". So können beispielsweise Gerüchte über steigende Gewinne eines Unternehmens dessen Aktie beflügeln. Sobald aus dem Gerücht ein Fakt wird, reagiert die Aktie jedoch mit einem Kursrutsch: Investoren verkaufen Ihre Anteile entweder, weil das Gerücht bestätigt wurde und sie Gewinne einsammeln wollen oder aus Enttäuschung, dass das Gerücht eben doch nur ein Gerücht war. Auf dem Aktienmarkt geht es immer auch um „Fantasie". Sieht die Mehrheit der Anleger die Zukunft einer Aktie positiv, treibt dies die Kurse.

An dieser Börsenweisheit ist also etwas dran. Seien Sie jedoch vorsichtig: Gerüchte und sogar Falschnachrichten werden häufig gezielt gestreut, um die Kurse in eine bestimmte Richtung zu lenken. Kursmanipulation ist zwar eine Straftat, in Zeiten von sozialen Netzwerken ist es jedoch unmöglich jedes Gerücht auf seinen Wahrheitsgehalt zu überprüfen.

„Sell in May and go away"

...but remember to come back in September. Diese Börsenweisheit rät Ihnen: „*Verkaufe im Mai und steige erst im September wieder ein*". Wie vielversprechend ist eine solche Vorgehensweise?

Nicht nur an der Börse gilt, dass die Vergangenheit keine verlässlichen Rückschlüsse auf die Zukunft zulässt. Tatsächlich ist der Mai statistisch gesehen einer der schwächsten Börsenmonate. Sollten Sie allerdings erst im September wieder einsteigen, verpassen Sie womöglich das Beste. So ist im breit aufgestellten

S&P 500-Index der Juli im historischen Mittel der stärkste Monat des Jahres – der September hingegen der schwächste.

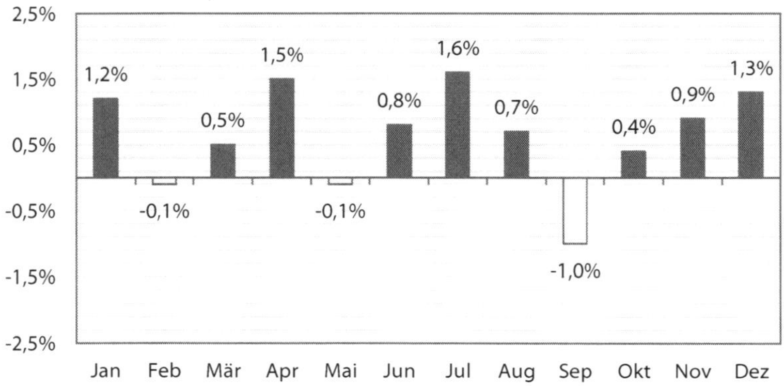

Abbildung 21: Durchschnittliche prozentuale Entwicklung des S&P 500 nach Kalendermonat von 1928-2021[40]

Auf diese Redewendung ist also nicht wirklich Verlass. Fakt ist dennoch, dass es eine gewisse Saisonalität an den Aktienmärkten vorhanden ist. Andererseits gibt es Jahre, in denen es im Mai durchaus etwas zu holen gibt. So kletterte der S&P 500 im Mai 2020 beispielsweise um mehr als 4,5%[41]. Den Markt zu „timen", also die kurzfristig idealen Ein- und Ausstiegspunkte abzupassen, ist ohnehin nicht möglich. Langfristige Anleger sollten sich von „Sell in May…" also nicht beunruhigen lassen.

„Gewinne laufen lassen, Verluste begrenzen"

Engl. *Cut your losses and let your profits run*. Investoren tendieren dazu Gewinne zu schnell zu realisieren, also gut laufende Aktien zu früh zu verkaufen. Andererseits werden Titel, deren Wert

---

[40] Eigene Darstellung in Anlehnung an Yardeni Research (2021), Stock Market Indicators: Historical Monthly & Annual Returns.

[41] Quelle: S&P Global (2020), U.S. Equities May 2020.

gefallen ist, häufig zu lange im Depot gehalten. Dieses Verhalten ist auf die Verlustaversion zurückzuführen: Anleger empfinden Verluste als deutlich schmerzhafter, als dass sie sich über Gewinne freuen. Daher fällt es manchen Aktionären schwer, verlustreiche Aktien zu verkaufen und diese Verluste zu „realisieren". Dieses Verhalten konnte sowohl bei Privatanlegern als auch bei professionellen und institutionellen Investoren nachgewiesen werden.[42]

Für langfristige Anleger ist es also keine gute Entscheidung seine Gewinner-Aktien zu früh zu verkaufen. Aber was heißt zu früh? Wenn ein Unternehmen Ihren persönlichen Auswahlkriterien entspricht und Sie sich deshalb entschlossen haben dessen Aktie zu kaufen, sollten Sie womöglich daran festhalten. Behalten Sie immer im Hinterkopf, dass die Märkte volatil sind und Verluste von bis zu 20% im Rahmen gewöhnlicher Konsolidierungen liegen. Erst darüber wird von einem Bärenmarkt gesprochen. Viel wichtiger ist es, dass Sie Ihre Investments in regelmäßigen Abständen fundamental überprüfen (s. Kapitel *Fundamentalanalyse*). Werden Ihre Auswahlkriterien noch immer erfüllt? Würden Sie die Aktie zum aktuellen Kurs erneut kaufen? Wenn nicht, dann verkaufen Sie sie!

„Hin und Her macht Taschen leer"

Diese Börsenweisheit hat definitiv ihre Daseinsberechtigung. Mit „Hin und Her" sind ständige Käufe und Verkäufe gemeint. Bedenken Sie, dass bei jeder Transaktion Gebühren Ihres Brokers anfallen. Heutzutage gibt es zwar Anbieter, die Ihnen

[42] Quelle: Haase, S. (2016): Professionelle und institutionelle Investoren. In: Der Dispositionseffekt als relevantes Anlegerverhalten.

provisionsfreie Trades oder Flatrates anbieten, die zwar günstiger als ihre Konkurrenz sein mögen, jedoch wird jeder Broker seine Kosten in der einen oder anderen Form an seine Kunden weitergeben. Geschenke gibt es nirgendwo. Zu den anfallenden Transaktionskosten kommen beim Kauf oftmals Ausgabeaufschläge oder Abgaben an den Fiskus. Auch Spreads können Ihnen teuer zu stehen kommen, nämlich wenn Ihre Preisvorstellung nicht mit der des Käufers bzw. Verkäufers übereinstimmt und Ihr Wunschpreis nicht erzielt werden kann.

Kapitel 6

Anlagestrategien

Wie bereits im Abschnitt *Wie kann ich mit Aktien Geld verdienen?* beschrieben, können Aktionäre entweder durch Wertsteigerungen, Dividenden oder Leerverkäufe Renditen auf ihr eingesetztes Kapital erzielen. Für die langfristige Geldanlage kommen davon lediglich Wertsteigerung und Dividenden infrage. Bevor Sie planlos loslegen und Ihren ersten Kauf tätigen, ist es sinnvoll sich Gedanken über Ihre persönliche Investmentstrategie zu machen.

Wozu brauche ich eine Strategie?

Das Leben ist nicht schwarz und weiß und leider gibt es kein Patentrezept, um an der Börse Gewinne zu erzielen. Eine Strategie ist kein Muss, jedoch äußerst ratsam. Sehen Sie sie als Ihren Fahrplan. Sie steigen schließlich auch nicht in die Bahn, ohne vorher zu prüfen, wo der Zug überhaupt hinfährt.

Wie definiere ich meine Strategie?

Die für Sie passende Strategie ist abhängig von Ihrer Risikobereitschaft, Ihrem Alter (ein Mittzwanziger benötigt eine andere Anlagestrategie als jemand kurz vor dem Ruhestand) und anderen Faktoren wie Ihrem Vermögen, Ihrem Einkommen, Ihrer kurz- und langfristigen Ziele, der erwarteten Rendite und Ihrer Familiensituation. Behalten Sie im Hinterkopf, dass sich Ihre Bedürfnisse im Laufe Ihres Lebens ändern. Daher sollten Sie Ihre Anlagestrategie regelmäßig überprüfen und ggf. anpassen.

Im Folgenden werden Sie die bekanntesten Ansätze kennenlernen. Diese unterscheiden sich in ihrem Risikoprofil und den ihnen zugrundeliegenden Denkweisen. Sehen Sie diese als eine Art „Baukasten“, aus dem Sie sich bedienen können, um Ihre persönliche Anlagestrategie zu definieren.

Value-Strategie

Die Kurse an der Börse schwanken ständig zwischen übertriebenem Optimismus und Pessimismus. Folglich kommt es immer wieder zu Preisübertreibungen und -untertreibungen. So sah es zumindest Benjamin Graham, der als Begründer des *Value Investing* (dt. *wertorientiertes Anlegen*) gilt. Er beschrieb den klugen Investoren als jemanden, der von Pessimisten kauft und an Optimisten verkauft.

Value-Investoren sind also Schnäppchenjäger. Sie suchen und kaufen Aktien die günstiger sind als Sie es eigentlich sein sollten. Anhänger der Value-Strategie gehen davon aus, dass unterbewertete Aktien existieren, was zumindest teilweise im Widerspruch zur Markteffizienzhypothese steht (vgl. Abschnitt *„Der Markt weiß alles“*). Sog. *Value-Aktien* können anhand ihrer Fundamentaldaten identifiziert werden. Aus diesen Daten werden verschiedene Kennzahlen (wie z.B. das Kurs-Gewinn-Verhältnis) berechnet, die auf eine Über- oder Unterbewertung einer Aktie hindeuten können. Wie das genau funktioniert erfahren Sie im Kapitel *Fundamentalanalyse* (s. 115 ff.). Value-Aktien sind häufig große, etablierte Unternehmen. So profitieren Value-Investoren sowohl von Wertsteigerungen als auch von Dividenden.

Haben Sie eine Value-Aktie ausfindig gemacht, kann es Monate oder sogar Jahre dauern, bis ihre Kurse steigen. Value-Investoren agieren also äußerst langfristig und kaufen die, ihrer Meinung nach, unterbewertete Aktien und halten sie, ohne die Absicht zu verkaufen. Dieses Kaufen und Halten von Aktien wird als *Buy and Hold* bezeichnet und erfordert einen langen Atem. Schwächere Börsenphasen werden von Value-Investoren ausgesessen und auf Markt Timing verzichtet.

Die Geduld zahlt sich aus

Laut einer Studie der Investmentgesellschaft Dodge & Cox aus dem Jahr 2016 haben Value-Strategien über Zeiträume von einem Jahrzehnt oder länger fast immer besser abgeschnitten als Growth-Strategien. Die einzigen Ausnahmen waren die Große Depression in den 1930er Jahren, die Dotcom-Blase in den 90ern und die vergangenen Jahre bis heute, 2021.[43]

Es geht auch mit wenig Aufwand

Value-Strategien funktionieren nur für Investoren die langfristig denken und bereit sind einen gewissen Rechercheaufwand zu betreiben. Heutzutage ist es jedoch nicht mehr notwendig einen Dschungel von Bilanzen zu durchforsten, um Value-Aktien zu finden. Fonds und ETFs bieten Anlegern eine günstige Möglichkeit in „unterbewertete“ Titel zu investieren. Dies gilt übrigens auch für die folgenden Strategien. Mehr dazu später.

---

[43] Quelle: Dodge & Cox (2016). Staying the Course in Value Investing.

Merke!

Value-Investoren suchen nach unterbewerteten Aktien, um diese langfristig zu halten. Sie identifizieren geeignete Aktien mit Hilfe der Fundamentalanalyse. Über Anlagezeiträume von 10 Jahren oder länger, schnitten Value-Strategien in der Vergangenheit fast immer besser ab als Growth-Strategien.

Growth-Strategie

Growth Investing (dt. *wachstumsorientiertes Anlegen*) ist eine Anlagestrategie, die auf *Wachstumsaktien*, also stark wachsende Unternehmen, setzt. Dies sind häufig kleinere, junge Unternehmen, die an der Börse, gemessen an Ihren Fundamentaldaten, hoch bewertet sind. Anleger nehmen die, im Vergleich zu Value-Aktien, höheren Bewertungen in Kauf, in der Hoffnung auf baldige, hohe Kurssteigerungen. Wachstumsaktien schütten i.d.R. keine Dividenden aus, da solche Unternehmen ihre Gewinne lieber in die eigene Expansion reinvestieren. Folglich erzielen Growth-Investoren ihre Renditen fast ausnahmslos über Wertsteigerungen.

Warum sollte ich auf Growth-Aktien setzen, wenn Value-Titel in der Vergangenheit höhere Renditen erzielt haben?

Während Value-Aktien historisch gesehen insbesondere über längere Zeiträume besser abgeschnitten haben als Growth-Titel, gab es doch immer wieder Perioden in denen Wachstumsaktien höhere Renditen erzielen konnten. Das präsenteste Beispiel ist die aktuelle Zeit nach der Weltfinanzkrise. Wer z.B. in den zehn Jahren von Mai 2011 bis Mai 2021 über einen ETF auf Growth-Titel des S&P 500 gesetzt hat, konnte eine mehr als doppelt so hohe Rendite erzielen wie mit einem vergleichbaren Value-ETF.

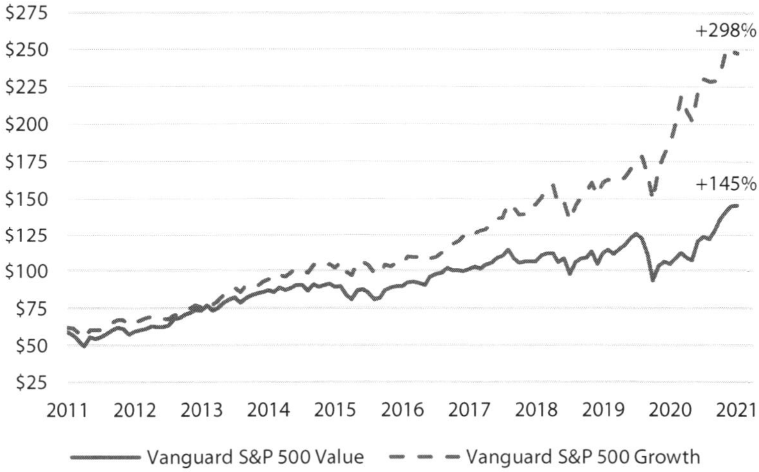

Abbildung 22: Vergleich der Performance von Growth- und Value-Aktien Mitte 2011 bis Mitte 2021 anhand zweier S&P 500 Vanguard-ETFs[44]

In der jüngsten Vergangenheit haben die niedrigen Zinsen unumstritten zur Überrendite von Growth-Aktien beigetragen. Wachsende Unternehmen verfügen häufig nicht über genügend Eigenkapital, um ihr Wachstum weiter voranzutreiben. Für ihre Expansion sind sie meist auf Kredite angewiesen. Seit der Weltfinanzkrise ist das Zinsniveau auf einem historischen Tiefstand und Kredite sind so „billig“ wie nie. Für Growth-Titel bietet ein solches Umfeld ideale Wachstumsbedingungen. Jedoch ist Wachstum von geringem Wert, wenn es dauerhaft nur mit hoher Verschuldung „erkauft“ werden kann. Jedes Unternehmen muss irgendwann profitabel sein und sich aus eigener Kraft finanzieren können.

[44] Eigene Darstellung. Datenquelle: NASDAQ (2021)

Sollte der Leitzins wieder steigen, wird es für Wachstumsunternehmen deutlich teurer ihren Expansionskurs weiter voranzutreiben. Je höher die Schuldenquote eines Unternehmens, desto anfälliger ist es für Verwerfungen bei steigenden Zinsen. Insolvenzen sind bei erheblichen Zinssprüngen nicht auszuschließen. Daher ist die Schuldenquote eine Kennzahl, die Sie bei der Auswahl von Growth-Aktien im Auge behalten sollten. Denn sollte das allgemeine Zinsniveau wieder merklich steigen, ist damit zu rechnen, dass die derzeitige Überrendite von Growth-Titeln wieder zugunsten von Value-Aktien kippen könnte.

Ist „Wachstum um jeden Preis“ nicht zu riskant?

Es kommt immer wieder vor, dass gewisse Aktien regelrecht gehypt werden und in kürzester Zeit extrem steigen, nur um kurz darauf direkt wieder abzustürzen. Wer in so ein Szenario gerät ist jedoch selbst schuld. Auch wenn Growth-Strategien tendenziell risikoreicher sind als Value-Strategien, sollten sie nicht als Spekulationen abgetan werden. Zwar sucht der Growth-Investor nach dem nächsten großen Erfolg, jedoch untersucht er genauso wie ein Value-Investor seine Investments auf fundamentale Daten.

Worauf muss ich bei Growth-Aktien achten?

Zunächst gelten für Wachstumsaktien, genau wie für Value-Aktien, die Grundlagen der *Fundamentalanalyse* (s. 115 ff.). Gelingt es Ihnen, eine großartige Growth-Aktie zu finden kann das erhöhte Risiko mit einer deutlich höheren Rendite belohnt werden. Achten Sie bei Ihrer Recherche auf die folgenden Faktoren:

1. **Wachstumspotenzial:** Hat die Branche des Unternehmens und somit das Unternehmen selbst eine (langfristige) Zukunft? Welche Märkte bedient das Unternehmen zurzeit, d.h. in welchen Ländern ist das Unternehmen aktiv? Welche weiteren Märkte könnten dazu kommen? Wie groß sind diese Märkte? Wird es langfristig hohen Bedarf für die Produkte bzw. Dienstleistungen des Unternehmens geben?
2. **Megatrends:** Sind die aktuellen Megatrends und das Geschäftsmodell des Unternehmens miteinander vereinbar? Solche Megatrends sind beispielsweise erneuerbare Energien, künstliche Intelligenz, Urbanisierung oder die Überalterung der Gesellschaft.
3. **Aktuelle Zahlen und Prognosen:** Wie sind die aktuellen Umsatz- und Gewinnzahlen zu bewerten? Wie sehen die Prognosen für die kommenden Quartale bzw. Jahre aus? Wie haben sich die Zahlen in der Vergangenheit entwickelt? Das Unternehmen sollte einen konsistenten Trend von wachsenden Gewinnen und Umsätzen aufweisen können. Vergleichen Sie diese Entwicklungen auch mit konkurrierenden Unternehmen.
4. **Wettbewerb:** Hat das Unternehmen ernstzunehmende Wettbewerber? Welche Alleinstellungsmerkmale haben die Produkte bzw. Dienstleistungen des Unternehmens? Ist das Geschäftsmodell nur schwer zu kopieren?
5. **Schulden:** Schulden sind per se nichts Verwerfliches. Dennoch muss jedes Unternehmen mittel- bis langfristig profitabel sein und auf eigenen Beinen stehen. Unternehmen mit hohen Schuldenquoten sind „abhängig“ von niedrigen Leitzinsen.

Merke!

Growth-Titel sind tendenziell riskantere Investments als Value-Titel, bieten jedoch erhöhte Renditechancen.

Ein Wachstumswert muss wachsen können: Beachten Sie die vorgestellten Auswahlkriterien und identifizieren Sie die möglichen Gewinner von morgen, anstatt blind die in den Medien gehypten Growth-Titel nachzukaufen.

Trendfolgestrategie

Trendfolgestrategien sind Anlagestrategien mit erhöhtem Risiko, die darauf abzielen, Aktien zu kaufen, die sich in einem Aufwärtstrend befinden bzw. Leerverkäufe von Aktien zu tätigen, die sich in einem Abwärtstrend befinden.

"The trend is your friend"

Trendfolger glauben an die bereits besprochene Börsenweisheit, die besagt, dass sich ein existierender Trend höchstwahrscheinlich fortsetzen wird. Anhänger von Trendfolgestrategien setzen auf technische Indikatoren (s. Kapitel *Charttechnik*) und lassen fundamentale Bewertungen weitestgehend außer Acht. Sie interessieren sich primär nicht dafür, ob ein Unternehmen operativ Gewinne verbucht und ob dessen Aktie fair bewertet ist, sondern analysieren die Märkte und einzelne Aktien in Hinblick auf Trends und Muster in den Kursverläufen. Bevor sie investieren, warten Trendfolger jedoch auf eindeutige charttechnische Signale.

Sobald sich eine Trendumkehr bestätigt, verkaufen Trendfolger ihre Positionen. Zur Absicherung gegen das unerwartete Ende eines Trends und um etwaige Verluste zu begrenzen, nutzen sie häufig *Stop-Loss-Orders*. Stop-Loss-Orders sind Orders mit Limit, bei dessen Unterschreitung der Verkauf einer Aktie automatisch ausgelöst wird (vgl. S. 193).

Trendfolge-Strategien können von kurz-, mittel- oder auch langfristiger Natur sein. Übergeordnete Trends (Bullen- bzw. Bärenmärkte) dauern oft mehrere Jahre, während kurzfristige Trends teils nur über einige Wochen oder Monate anhalten. Je nach Auslage dieser Strategie verändert sich folglich das Risikoprofil der Trendfolge. Ferner kann das Risiko durch eine Kombination mit Techniken der Fundamentalanalyse verringert werden.

Merke!

Trendfolgestrategien können kurz-, mittel- oder langfristig orientiert sein. Je langfristiger ein Trend, als desto stärker gilt dieser unter Charttechnikern. Somit nimmt das Risiko der Trendfolge mit steigender Dauer des Trends ab. Allgemein ist eine solche Strategie jedoch mit erhöhtem Risiko verbunden. *Long*-Trendfolgen können zwar auch für Privatanleger geeignet sein, von Leerverkäufen sollten Sie jedoch die Finger lassen.

Dividendenstrategie

Die *Dividendenstrategie* ist eine beliebte, klassische Anlagestrategie. Sie wird auch als *einkommensorientiertes Anlegen* (engl. *Income Investing*) bezeichnet und überschneidet sich in vielerlei Hinsicht mit Value-Ansätzen.

Die Macht der Dividende

Der Investmentgesellschaft Hartford Funds zufolge, sind stolze 84% der Gesamtrendite des S&P 500 zwischen 1960 und 2020 auf reinvestierte Dividenden zurückzuführen.[45] Dies macht Dividenden-Strategien zu einer attraktiven Alternative für passive Anleger. Dennoch sollten Sie nicht jede beliebige Aktie mit einer hohen Dividende kaufen. Zwar sind hohe Dividenden bzw. vielmehr hohe *Dividendenrenditen* (s. S. 129) die wichtigste Grundvoraussetzung für eine geeignete Dividenden-Aktie, dennoch sollten Sie weitere Kriterien beachten.

Woran erkenne ich „gute" Dividenden-Titel?

Die Dividendenrenditen sollten nicht nur heute hoch sein, sondern auch in der Zukunft. Recherchieren Sie daher die Höhe und Regelmäßigkeit der Dividendenzahlungen der vergangenen fünf bis zehn Jahre. Diese sollten möglichst nie gesunken oder ausgesetzt worden sein. Beurteilen Sie die Zukunftsaussichten des Unternehmens. In einem schrumpfenden Marktumfeld werden hohe Dividenden auf lange Sicht kaum zu halten sein. Beispielsweise bieten Ölkonzerne teils stattliche Dividendenrenditen, jedoch sollten Sie sich genau informieren, welche Pläne diese Unternehmen haben, ihr Geschäftsmodell an die neuen Anforderungen nach erneuerbaren Energien anzupassen.

„Dividendenjäger" sollten bei hohen Dividendenrendite eine gesunde Skepsis an den Tag legen, denn diese könnten über Schwächen des Unternehmens hinwegtäuschen. Vergleichen Sie daher die Dividendenrendite von Unternehmen mit der von

[45] Quelle: Hartford Funds (2021), The Power of Dividends.

Wettbewerbern derselben Branche. Scheint die Gewinnausschüttung zu schön um wahr zu sein, könnte es womöglich sein, dass der Aktienkurs kürzlich aufgrund von schlechten operativen Nachrichten gefallen ist, was wiederum die Dividendenrendite höher erscheinen lässt. Schlechte operative Nachrichten könnten Dividendenkürzungen oder sogar -ausfälle zur Folge haben.

Bedenken Sie gleichermaßen, dass Dividenden der Anteil eines Investors am Gewinn des Unternehmens sind. Dieses Geld fehlt dem Unternehmen womöglich für Investitionen oder Expansion. Dividendenzahlungen dürfen das langfristige Wachstum eines Unternehmens nicht beeinträchtigen. Zur weiteren Beurteilung von Dividendenaktien sollten Sie die Kennzahlen, die Sie im Kapitel *Fundamentalanalyse* kennen lernen werden, beachten.

Wie erhalte ich Dividendenzahlungen?

Für jede Dividendenzahlung gibt es einen bestimmten Stichtag. Solange Sie die betreffende Aktie an diesem Stichtag in Ihrem Depot haben, sind Sie berechtigt die Dividende des Unternehmens für den betreffenden Zeitraum zu erhalten. Den Stichtag erfahren Sie auf den gängigen Finanzportalen im Internet oder bei Ihrem Online-Broker. Sollten Sie den Stichtag verpassen, also vor diesem Termin verkaufen bzw. erst danach kaufen, erhalten Sie keine Dividende.

Wollen Sie die Dividende einer bestimmten Aktie erhalten, sollten sie diese also vor dem Stichtag kaufen. Wenn Sie jetzt planen, die Aktie kurz vor dem Stichtag zu kaufen und danach sofort wieder zu verkaufen, nur um die Dividende zu kassieren, muss ich Sie enttäuschen. Dieser Plan ist, zumindest nicht zwangsläufig, eine gute Idee, denn typischerweise verzeichnen Aktien am Tag nach der Dividendenzahlung (auch *Ex-Tag* genannt) einen leichten Kursrückgang. In Deutschland und auch international wird die gezahlte Dividende dann üblicherweise vom Aktienkurs abgezogen und die Aktie notiert mit dem Kurszusatz *Ex-Dividende*.

Sie haben die Wahl: Zinseszins oder regelmäßiges Einkommen

Ein weiterer Vorteil von Dividenden-Aktien ist, dass Sie Ihnen eine gewisse Flexibilität geben. So könnten Sie während Ihres Berufslebens die Dividenden beispielsweise reinvestieren, um vom Zinseszinseffekt zu profitieren. Im Ruhestand könnten Sie sich die Dividenden dann auszahlen lassen, um Ihre Rente bzw. Pension aufzubessern.

Merke!

Eine Dividendenstrategie eignet sich insbesondere für Anleger, die regelmäßige Zahlungen erhalten wollen – entweder für sich selbst (z.B. im Ruhestand) oder zur Reinvestition. Hohe Dividendenrenditen sind ein wichtiges Kriterium, aber keinesfalls die einzige Kennzahl zur Auswahl geeigneter Titel.

Index-Strategie

Wie bereits diskutiert, glauben viele Börsianer, dass es nicht möglich ist langfristig höhere Renditen als der Marktdurchschnitt zu erzielen. Für Anhänger dieser Theorie bietet die *Index-Strategie* eine Möglichkeit mit geringem Aufwand und vergleichsweise geringem Risiko vom Wachstum der Märkte zu profitieren.

Index-Anleger investieren in alle Aktien eines Indizes bzw. mehrerer Indizes. Oftmals versuchen die Investoren einen möglichst großen Anteil der Aktien weltweit abzubilden, um das Risiko möglichst breit zu streuen. Die Schwerpunktsetzung auf einzelne Länder, Branchen oder Themen ist jedoch ebenfalls möglich. Wenn Sie z.B. in alle 30 Aktien des DAX investieren möchten, müssen Sie heutzutage nicht mehr alle 30 Werte einzeln kaufen. Eine Index-Strategie ist mit Zertifikaten, aber vor allem mit ETFs, einfach und kostengünstig umsetzbar. Die Kombination von ETFs und Sparplänen ist ein häufig gewählter und viel versprechender Ansatz, der sich für viele Privatanleger eignet.

Merke!

Mit Index-Strategien investieren Anleger in einen oder mehrere (Aktien-)Indizes. ETFs ermöglichen eine kostengünstige Umsetzung einer solchen Strategie gepaart mit überschaubarem Aufwand und Risiko.

Sparpläne

Sparpläne ermöglichen regelmäßige, automatisierte Investitionen. Sie helfen dabei spontanes, von Emotionen getriebenes, Verhalten bei der Geldanlage zu eliminieren. Ein Sparplan steht nicht im Widerspruch zu den zuvor vorgestellten Anlagestrategien, vielmehr kann er ein ergänzendes Mittel zur Umsetzung der Strategie sein.

Wie richte ich einen automatisierten Sparplan ein?

Nehmen wir an Sie wollen jeden Monat 250€ in einen ausgesuchten ETF investieren. Sie könnten nun zu Beginn jedes Monats wiederholt eine Order anlegen. Viel einfacher wäre es jedoch einmalig einen Sparplan aufzusetzen. So ein Sparplan funktioniert analog zu einem Dauerauftrag bei Ihrer Bank, wie z.B. die monatliche Überweisung Ihrer Miete an Ihren Vermieter. Für die Einrichtung des Sparplans müssen zunächst Sie die folgenden Parameter festlegen:

1. Welcher Betrag soll regelmäßig investiert werden (z.B. 250 €)?
2. Zu welchem Zeitpunkt soll gekauft werden (z.B. zu jedem 3. Tag eines Monats)?
3. In welche(n) Titel soll investiert werden (z.B. ETF X, Aktie Y, Anleihe Z)?

Einmal eingerichtet sind Sparpläne dennoch flexibel und können jederzeit geändert oder gelöscht werden. Viele Broker bieten Sparpläne mit Sonderkonditionen an und ermöglichen für einige Produkte Ausführungen ohne das Anfallen von Transaktionskosten.

Was sind die Vorteile von Sparplänen?

Dadurch, dass Sie mit Sparplänen keine größere Einmalinvestition, sondern wiederkehrende kleinere Käufe tätigen, entsteht der sog. *Cost-Average-Effekt*. Der Cost-Average-Effekt (dt. *Durchschnittskosteneffekt*) führt zu einer Glättung der Preise, zu denen Sie kaufen. Wenn Sie z.B. monatlich 250 € in ETF X investieren, kaufen Sie in Monaten, in denen der Preis für diesen ETF niedriger ist, automatisch mehr Anteile als in Monaten, in denen der Preis höher ist. Sie kaufen also zu allen Marktlagen – mal hoch, mal tief und mal irgendwo dazwischen.

Abbildung 23 veranschaulicht den Cost-Average-Effekt durch die Gegenüberstellung einer Einmalinvestition von 1.500 € und eines sechsmonatigen Sparplans von 6 x 250 € (= 1.500 €). Im Beispiel hätten Sie mit derselben Investitionssumme durch Nutzung eines Sparplans 84,71 Anteile (von z.B. ETF X) gekauft, im Vergleich zu lediglich 75 Anteilen durch die Einmalinvestition. In diesem Fall wäre der Sparplan also die bessere Alternative gewesen.

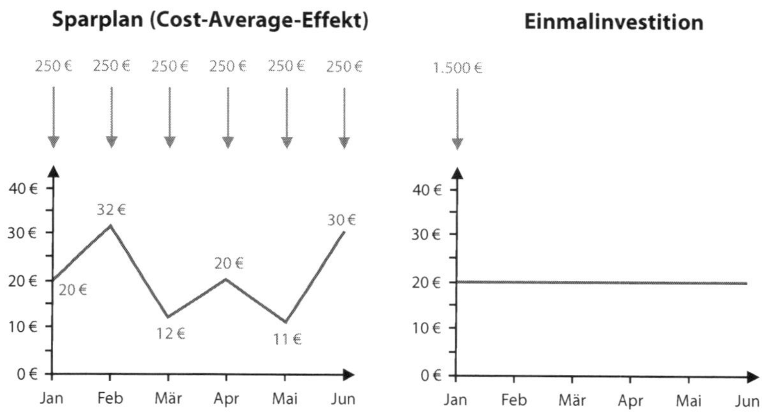

Monat	Betrag	Anzahl Anteile
Januar	250 €	12,50
Februar	250 €	7,81
März	250 €	20,83
April	250 €	12,50
Mai	250 €	22,73
Juni	250 €	8,33
Summe	**1.500 €**	**84,71**

Monat	Betrag	Anzahl Anteile
Januar	1.500 €	75,0
Summe	**1.500 €**	**75,0**

Abbildung 23: Beispiel Sparplan vs. Einmalinvestition

(Fast) ohne Ihr eigenes Zutun, zwingt Sie ein Sparplan zu Disziplin und nimmt Ihre Emotionen aus dem Spiel. Der Versuch des Market Timings wird vermieden und Sie kaufen automatisch mehr Anteile, wenn die Kurse niedriger sind und weniger, wenn diese hoch sind. Prinzipiell sind Sparpläne für ETFs, Fonds aber auch einzelne Aktien oder andere Wertpapiere möglich. Immer populärer wird die Nutzung in Kombination mit ETFs und einer Buy and Hold-Strategie.

Die Macht des Zinseszins

Sparpläne eignen sich hervorragend, um von der Macht des Zinseszins zu profitieren, wie das Beispiel auf der folgenden Seite veranschaulicht. Für eine monatliche Geldanlage von 250 € (3.000 € pro Jahr) wurden hierzu drei verschiedene Szenarien berechnet: Szenario A mit einer jährlichen Durchschnittsrendite von 6,9%, Szenario B mit 10,3% und Szenario C mit 15,9%. Diese Zinserträge wurden entsprechend den zu Anfang des Buches besprochenen historischen 25-jährigen Durchschnittsrenditen des MSCI World gewählt (vgl. Tabelle 1, S. 14). Die Kernaussage der Auswertung ist nichts Neues, dennoch spricht sie Bände: Je früher Sie anfangen zu investieren, desto stärker profitieren Sie vom Zinseszins.

Tabelle 8: Jährliche Entwicklung eines Sparplan von monatlich 250 € (3.000 € pro Jahr) über 50 Jahre für drei Rendite-Szenarien

Ende Jahr	Summe investiertes Kapital Ende d. Jahres	Szenario A Rendite: 6,9%	Szenario B Rendite: 10,3%	Szenario C Rendite: 15,9%
1	3.000 €	3.207 €	3.309 €	3.477 €
2	6.000 €	6.635 €	6.959 €	7.507 €
3	9.000 €	10.300 €	10.985 €	12.177 €
4	12.000 €	14.218 €	15.425 €	17.591 €
5	15.000 €	18.406 €	20.323 €	23.865 €
6	18.000 €	22.883 €	25.725 €	31.136 €
7	21.000 €	27.669 €	31.684 €	39.564 €
8	24.000 €	32.785 €	38.256 €	49.331 €
9	27.000 €	38.254 €	45.505 €	60.652 €
10	30.000 €	44.101 €	53.502 €	73.773 €
11	33.000 €	50.351 €	62.321 €	88.979 €
12	36.000 €	57.032 €	72.049 €	106.604 €
13	39.000 €	64.174 €	82.779 €	127.031 €
14	42.000 €	71.809 €	94.615 €	150.706 €
15	45.000 €	79.971 €	107.669 €	178.145 €
16	48.000 €	88.696 €	122.068 €	209.948 €
17	51.000 €	98.023 €	137.950 €	246.806 €
18	54.000 €	107.993 €	155.468 €	289.525 €
19	57.000 €	118.652 €	174.790 €	339.037 €
20	60.000 €	130.046 €	196.102 €	396.421 €
21	63.000 €	142.226 €	219.610 €	462.929 €
22	66.000 €	155.247 €	245.539 €	540.012 €
23	69.000 €	169.166 €	274.138 €	629.350 €
24	72.000 €	184.045 €	305.683 €	732.894 €
25	75.000 €	199.951 €	340.478 €	852.901 €
…	…	…	…	…
30	90.000 €	297.540 €	576.184 €	1.807.540 €
…	…	…	…	…
35	105.000 €	433.774 €	960.996 €	3.803.981 €
…	…	…	…	…
40	120.000 €	623.959 €	1.589.236 €	7.979.146 €
…	…	…	…	…
45	135.000 €	889.459 €	2.614.896 €	16.710.684 €
…	…	…	…	…
50	150.000 €	1.260.099 €	4.289.380 €	34.970.986 €

Lohnen sich Sparpläne also für jeden?

Durch Cost-Average eliminieren Sie zwar das Risiko Ihr gesamtes Kapital zum schlechtmöglichsten Zeitpunkt zu investieren, andererseits vergeben Sie jedoch auch die Chance den bestmöglichen Zeitpunkt für den Einstieg zu erwischen. Somit sind Sparpläne nicht immer die beste Alternative und für Investoren, die über größere Summen verfügen kann eine Einmalinvestition rentabler sein. Eine langfristige Vanguard-Studie aus dem Jahr 2012 hat gezeigt, dass schon bei einem Anlagehorizont von sechs Monaten eine Einmalinvestition in etwa zwei Dritteln der Fälle höhere Renditen erzielen konnte als eine Investition via Sparplan. Mit steigenden Zeiträumen hatte sich dieser Effekt sogar noch verstärkt. [46]

Nichtsdestotrotz sind viele Privatanleger nicht in der Lage größere Einmalinvestitionen zu tätigen. Für sie stellen Sparpläne eine geeignete Alternative dar. Ebenso ist der Effekt der automatischen Selbstdisziplinierung und des Ausschaltens von Emotionen nicht zu vernachlässigen. Ich persönlich setze für meine Geldanlage auf einen Mix aus monatlichen ETF-Sparplänen und Einmalinvestitionen, wenn ich eine Kaufgelegenheit für eine Aktie sehe.

[46] Quelle: Shtekhman, A. Tasopoulos, C. Wimmer, B. (2012): Dollar-cost averaging just means taking risk later. In: Vanguard Research. The Vanguard Grou p.

Merke!

Mit Sparplänen automatisieren Sie Ihr Investitionsverhalten, zwingen sich zu Disziplin und nehmen Emotionen aus dem Spiel. Sparpläne eignen sich insbesondere für Anleger, die wiederholt regelmäßige Einnahmen anlegen möchten oder für solche, die zu unüberlegten Spontankäufen neigen.

Kapitel 7

Welche Aktie soll ich kaufen?

Ohne Glaskugel ist diese grundlegende Frage eines jeden Aktionärs leider nicht zu beantworten. Dennoch gibt es verschiedene Arten von Finanzanalysen, die Ihnen dabei helfen können, die richtigen Entscheidungen zu treffen. Die zwei bedeutendsten Ansätze sind die *Fundamentalanalyse* und die *Charttechnik*.

Die *Fundamentalanalyse* verfolgt den Zweck zu bestimmen, ob eine Aktie aktuell fair, unter- oder überbewertet ist. Sie kann also dabei helfen zu ermitteln, ob eine Aktie eine gute langfristige Investition sein könnte oder nicht. Hingegen zielt die *Charttechnik* darauf ab, zukünftige Kursbewegungen anhand von historischen Kursverläufen vorherzusagen. Sie kann somit Indizien liefern, ob womöglich ein günstiger Zeitpunkt zum Kaufen bzw. Verkaufen vorliegt – entweder für kurzfristige Spekulationen oder um einen möglichst günstigen Einstieg bzw. Ausstieg für eine längerfristige Investition zu finden.

Auf den folgenden Seiten werden Sie die wichtigsten Kennzahlen und Methoden dieser beiden Finanzanalysen kennenlernen. Im Anschluss werden Sie das nötige Basiswissen haben, um eigenständig bewerten zu können, ob eine Aktie günstig oder teuer bewertet ist und, ob es womöglich ein guter Zeitpunkt sein könnte, um ein- bzw. auszusteigen.

Merke!

Die *Fundamentalanalyse* hilft Ihnen zu beurteilen, ob eine Aktie fair bewertet ist oder nicht. Ist sie unterbewertet, bietet sich eine langfristige Investition an.

Die *Charttechnik* hilft Ihnen dabei zu entscheiden, ob ein günstiger Zeitpunkt zum Kauf bzw. Verkauf vorliegen könnte. Je kürzer der Anlagehorizont eines Marktteilnehmers, desto eher findet die Charttechnik Anwendung.

Fundamentalanalyse

Ziel der Fundamentalanalyse ist es den inneren („fairen") Wert eines Unternehmens zu bestimmen, um zu evaluieren, ob eine Aktie ein Kauf oder Verkauf ist. Dabei werden sämtliche vorhandenen Informationen herangezogen, die Einfluss auf die Bewertung eines Unternehmens haben könnten. Diese Faktoren können sowohl volkswirtschaftlicher (wie z.B. allgemeine Verfassung der Wirtschaft, Branchentrends oder Politik) als auch betriebswirtschaftlicher Natur (z.B. Gewinn, Verlust oder Kompetenz der Geschäftsführung) sein. Die gängigsten Bewertungskriterien der Fundamentalanalyse stellen jedoch Kennzahlen dar, die sich aus betriebswirtschaftlichen Daten berechnen lassen.

Marktkapitalisierung

Die *Marktkapitalisierung* ist der aktuellen *Börsenwert* eines Unternehmens. Sie errechnet sich aus dem Produkt des Aktienkurses und der Anzahl der sich im Umlauf befindlichen Aktien.

$$\begin{aligned}&Marktkapitalisierung\\&= Kurs\ pro\ Aktie\\&\times Anzahl\ der\ sich\ im\ Umlauf\ befindlichen\ Aktien\end{aligned}$$

Im frei erfundenen Beispiel unten sehen wir, dass die Aktie der „Glühbirnen AG" mit 300 € einen optisch teureren Kurs aufweist als die der "Elektroauto AG", deren Kurs je Aktie „nur" 40 € beträgt. Aus dem Aktienkurs allein Rückschlüsse auf die Bewertung eines Unternehmens zu ziehen ist jedoch nicht möglich. Erst durch das Berechnen der Marktkapitalisierungen erkennen wir, dass der Börsenwert der „Glühbirnen AG" 450 Mio. € beträgt, während sich die Bewertung der "Elektroauto AG" auf 4,5 Mrd. € beläuft. Trotz des deutlich niedrigeren Aktienkurses ist die "Elektroauto AG" also 10x so hoch bewertet wie die „Glühbirnen AG".

Tabelle 9: Beispielberechnung der Marktkapitalisierung zweier Unternehmen

	Aktie 1 "Glühbirnen AG"	Aktie 2 "Elektroauto AG"
Aktueller Kurs pro Aktie	300 €	40 €
Anzahl aller sich im Umlauf befindlichen Aktien	1.500.000 Stück	112.500.000 Stück
Marktkapitalisierung	450.000.000 €	4.500.000.000 €

Ist die „Glühbirnen AG" folglich ein Schnäppchen oder die "Elektroauto AG" hingegen überteuert? Das kann die Marktkapitalisierung allein nicht beantworten. Auf den folgenden Seiten werden Sie weitere Kennzahlen kennenlernen, die Ihnen bei einer ausführlichen Evaluierung helfen können.

Merke!

Der Kurs (Preis) einer Aktie allein sagt nichts darüber aus, wie günstig oder teuer diese ist. Erst die Berechnung der Marktkapitalisierung ermöglicht es, den aktuellen Börsenwert des Unternehmens mit dem von anderen Unternehmen zu vergleichen.

Marktkapitalisierung und Unternehmensgröße

Eine weitere Funktion der Marktkapitalisierung ist ihre Verwendung zur Klassifizierung von Unternehmen nach ihrer Größe. In den meisten Fällen wird zwischen *Small Caps*, *Mid Caps* und *Large Caps* unterschieden, wie Tabelle 10 veranschaulicht. Gelegentlich werden mit *Micro Cap* und *Mega Cap* bzw. *Ultra Cap* weitere Kategorien hinzugezogen. Im deutschen Sprachgebrauch wird in diesem Zusammenhang auch von *Nebenwerten* (Small und Mid Caps) und *Standardwerten* (Large Caps) gesprochen.

Tabelle 10: Klassifizierung von Unternehmen anhand ihrer Marktkapitalisierung[47]

Kategorien		
Englisch	**Deutsch**	**Marktkapitalisierung**
Small Caps	Nebenwerte	300 Mio. USD bis 2 Mrd. USD
Mid Caps		2 Mrd. USD bis 10 Mrd. USD
Large Caps	Standardwerte	über 10 Mrd. USD

Zu Tabelle 10 sei gesagt, dass keine allgemeingültige Definition existiert, ab welcher Marktkapitalisierung ein Unternehmen welcher Kategorie zuzuordnen ist. Das liegt zum einen daran, dass die durchschnittlichen Unternehmensgrößen über die Zeit

[47] In Anlehnung an Mladjenovic, P. (2020), Stock Investing.

wachsen (denn die Aktienmärkte gewinnen an Wert; deswegen investieren wir ja!). Zum anderen ist ein durchschnittlicher Large Cap in den USA z.B. größer als ein Large Cap Unternehmen in Osteuropa.

Wesentliche Merkmale von Small, Mid und Large Caps

Viel wichtiger als die exakte Einordbarkeit ist es, dass Sie die wesentlichen Merkmale von Small, Mid und Large Caps kennen. Stellen Sie sich Large Caps in diesem Zusammenhang als schwere Lokomotive vor: Sie haben nicht die beste Beschleunigung, jedoch enorme Kraft und wenn sie einmal rollen sind sie (fast) unaufhaltsam. Mid und Small Caps hingegen kann man eher mit einer Rakete vergleichen: Wenn Sie zünden haben Sie eine enorme Schubkraft und erreichen schnell neue Höhen. Jedoch kommt es auch mal vor, dass einige Raketen abstürzen oder gar nicht erst starten.

Small Caps:

- **Marktposition:** Typischerweise in der Öffentlichkeit weniger bekannt und seit kürzerer Zeit am Markt als Mid Caps oder Large Caps. Bedienen oft Nischenmärkte.
- **Volatilität:** Oft volatilere Kursverläufe als Mid Caps und Large Caps.
- **Wachstumspotential:** Sehr hoch (bei gleichzeitig erhöhtem Risiko).
- **Liquidität:** Geringer als bei Large Caps und Mid Caps.
- **Beispiele:** Zomedica, Jenoptik, ElringKlinger

Mid Caps:

- **Marktposition:** Etablierte Unternehmen, jedoch weniger bekannt und oft weniger lang am Markt als Large Caps.
- **Volatilität:** Typischerweise volatilere Kursverläufe als Large Caps, jedoch weniger volatil als Small Caps.
- **Wachstumspotential:** Höher als bei Large Caps, jedoch geringer als bei Small Caps.
- **Liquidität:** Geringer als bei Large Caps, jedoch höher als bei Small Caps.
- **Beispiele:** Commerzbank, easyJet, Metro

Large Caps:

- **Marktposition:** Etablierte Unternehmen mit sehr hohen Marktanteilen in Ihren Branchen. Sie sind in der Öffentlichkeit bekannt, dominieren ihre Industrie und existieren oft seit sehr langer Zeit.
- **Volatilität:** Geringer als bei Mid Caps und Small Caps.
- **Wachstumspotential:** Begrenzt, stattdessen werden jedoch oft häufig (höhere) Dividenden gezahlt.
- **Liquidität:** Sehr hoch, da täglich große Volumina (Stückzahlen) an den Börsen gehandelt werden.
- **Beispiele:** Microsoft, Siemens, Nestlé

Zielwert

Es gibt keinen „guten“ oder „schlechten“ Wert für die Marktkapitalisierung. Jedoch ermöglicht sie eine Unterteilung von Unternehmen in Small, Mid und Large Caps. Diese Unternehmenstypen sind von verschiedenen Merkmalen geprägt. Die Marktkapitalisierung kann Ihnen dabei helfen für Ihr Risikoprofil und ihren Anlagehorizont geeignete Aktien zu identifizieren.

Der „Small-Cap-Effekt“

Mid Caps und Small Caps weisen für gewöhnlich zwar volatilere Kursverläufe als Large Caps auf, entwickeln sich auf lange Sicht jedoch häufig besser, wie Abbildung 24 veranschaulicht.

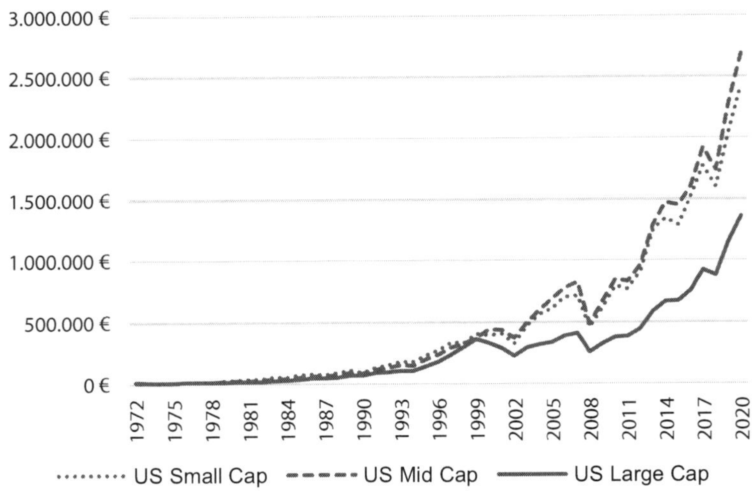

Abbildung 24: Was wäre aus 10.000€ im Jahre 2020 geworden, wenn Sie 1972 jeweils in US-amerikanische Small, Mid oder Large Caps investiert hätten?[48]

48 Eigene Darstellung. Daten von Portfoliovisualizer (2021), Asset Class Returns. Ohne Berücksichtigung von Inflation, Steuern und weiteren Abgaben.

Zwischen 1972 und 2020 konnten die Renditen von US-amerikanischen Mid und Small Caps die Wertsteigerungen ihrer großen Brüder deutlich übertrumpfen. Hätten Sie damals 10.000 € investiert, so besäßen Sie 2020 Anteile im Wert von entweder etwa 2,3 Mio. €, 2,7 Mio. € oder „nur" 1,4 Mio. €. Die Risiken erhöhter Kursschwankungen von Small und Mid Caps haben sich in der Vergangenheit langfristig also bezahlt gemacht. Dabei ist eine breite Streuung vorausgesetzt, um das Ausfallrisiko zu minimieren.

Umsatz und Gewinn

Umsatz und *Gewinn* sind wichtige Kennzahlen zur Beurteilung des Erfolgs eines Unternehmens. Beide Größen werden stets für eine bestimmte Periode berechnet und ausgewiesen, z.B. monatlich, quartalsweise oder jährlich. Umsatz und Gewinn hängen eng miteinander zusammen, sind jedoch nicht zu verwechseln:

Der Umsatz ist die Summe aller Einnahmen aus verkauften Produkten und Dienstleistungen. Er errechnet sich als das Produkt von Absatz (= Anzahl der verkauften Waren und Dienstleistungen) und dem Verkaufspreis dieser Waren und Dienstleistungen.

$$Umsatz = Absatz \times Verkaufspreis$$

Der Umsatz allein ist nur bedingt aussagekräftig. Ein hoher Umsatz ist zwar eine wichtige Voraussetzung für unternehmerischen Erfolg, jedoch berücksichtigt diese Kennzahl nicht die Kosten, die das Unternehmen aufgebracht hat, um die getätigten Verkäufe zu ermöglichen. So ist es z.B. möglich, dass ein Unternehmen hohe Umsätze erzielt, seine Kosten jedoch noch höher sind und unterm Strich sogar ein Verlust verbleibt. Die Berechnung des Gewinns verschafft die nötige Klarheit, indem die Kosten berücksichtigt werden:

$$Gewinn = Umsatz - Kosten$$

Junge, stark wachsende Unternehmen, verzeichnen in den ersten Jahren teils hohe Verluste, da für diese Firmen Expansion (also Umsatzwachstum) häufig oberste Priorität hat. Für solche Unternehmen ist die Umsatzentwicklung (also der Vergleich von aktuellen Umsatzzahlen zu denen der Vorperiode(n)) zunächst ein relevanterer Maßstab als bloße als Gewinn- bzw. Verlustzahlen. Generell ist der Gewinn jedoch die belastbarere Kennzahl, um beurteilen zu können, ob ein Unternehmen „gesund" wirtschaftet oder nicht. Denn letztlich muss jedes Unternehmen irgendwann profitabel sein (also Gewinne erwirtschaften), um am Markt langfristig bestehen zu können.

Kurs-Gewinn-Verhältnis (KGV)

Das *Kurs-Gewinn-Verhältnis (KGV)* ist eine der am meisten beachteten Kennzahlen der Fundamentalanalyse. Sie errechnet sich aus dem Verhältnis des aktuellen Aktienkurses (Preis) zum Gewinn des Unternehmens.

$$KGV = \frac{Kurs\ pro\ Aktie}{Gewinn\ pro\ Aktie}$$

Ein KGV von 25 bedeutet beispielsweise, dass die Gewinne des Unternehmens den Kaufpreis nach 25 Jahren decken würden (unter der Annahme konstant bleibender Gewinne). Das KGV ermöglicht einen Vergleich der Bewertung mehrerer Unternehmen. Dabei sollten ausschließlich Unternehmen derselben Branche miteinander verglichen werden, da sich die typischen KGVs unterschiedlicher Branchen teilweise stark voneinander abweichen. Allgemein gilt jedoch: Je niedriger das KGV, desto günstiger ist die Aktie bewertet. Im Umkehrschluss lässt ein hohes KGV auf eine (zu) hohe Bewertung schließen. Growth-Unternehmen, von denen sich Investoren hohe Wachstumsraten in der Zukunft versprechen, weisen häufig hohe KGVs auf, wohingegen sich Value-Aktien durch niedrigere KGVs kennzeichnen. Auch bei Verlusten (negativer Gewinn) lässt sich das KGV errechnen. Hier gilt jedoch gegenteilig, dass ein höheres negatives KGV (z.B. -100) zwar immer noch ungünstig ist, jedoch besser als ein niedrigeres negatives KGV (z.B. -0,1).

Zur weiteren Evaluierung eines Unternehmens kann die Entwicklung dessen KGVs der vorangegangenen Jahre bzw. die zu erwartende Entwicklung der kommenden Jahre hinzugezogen werden. Wenn das heutige KGV niedriger ist als das der letzten Jahre bzw. in Zukunft niedrigere KGVs als das heutige zu erwarten sind, ist dies ein positiv zu deutendes Zeichen.

Zielwert

Es gibt keinen Konsens bei welchem KGV eine Aktie unter- oder über bewertet ist. Allgemein gilt jedoch: Je niedriger das KGV, desto günstiger die Aktie.

- **Value-Aktien:** Je niedriger (aber >0!) desto günstiger. In Zeiten von Niedrigzinsen ist ein KGV <10 ein guter Wert.
- **Growth-Aktien:** Siehe oben. Jedoch sind höhere oder sogar negative KGVs akzeptabel, sofern in Zukunft steigende Umsätze und Gewinne (= niedrigere KGVs) zu erwarten sind. In Zeiten von Niedrigzinsen sind KGVs <25 verhältnismäßig günstig.

Kurs-Umsatz-Verhältnis (KUV)

Das *Kurs-Umsatz-Verhältnis (KUV)* setzt den Kurs einer Aktie ins Verhältnis zu ihrem Umsatz.

$$KUV = \frac{Kurs\ pro\ Aktie}{Umsatz\ pro\ Aktie}$$

Da das KUV lediglich den Umsatz beachtet und dabei die Profitabilität (Gewinn) außer Acht lässt, wird ihr meist das KGV als Kennzahl vorgezogen. Für Growth-Aktien ist das KGV jedoch häufig sehr hoch oder sogar negativ und dementsprechend wenig aussagekräftig. In diesen Fällen kann dann das KUV als alternative Bewertungskennzahl hinzugezogen werden. Allgemein gilt auch hier: Je kleiner das KUV, desto günstiger die Aktie.

Zielwert

Allgemein gilt: Je niedriger, desto günstiger.

- **Value-Aktien:** Für diese Unternehmen ist das KGV als Bewertungsgröße vorzuziehen.
- **Growth-Aktien:** Je niedriger desto günstiger. Ein KUV $<1{,}5$ kann auf eine günstige Bewertung hindeuten.

Kurs-Buch-Verhältnis (KBV)

Das *Kurs-Buch-Verhältnis (KBV)* setzt den Kurs einer Aktie ins Verhältnis zu ihrem Buchwert. Der Buchwert entspricht dem Eigenkapital, also sämtlichen Vermögensgegenständen eines Unternehmens (z.B. Immobilien, Maschinen, Barreserven) abzüglich seiner Verbindlichkeiten (Schulden) und immateriellen Vermögenswerten (z.B. Patente).

$$KBV = \frac{Kurs\ pro\ Aktie}{Buchwert\ pro\ Aktie}$$

Ein KBV von 1 bedeutet beispielsweise, dass ein Unternehmen (nur) genauso viel wert ist wie sein Eigenkapital. Da Wertschöpfung sowie zukünftiges Umsatz- und Gewinnwachstum eines Unternehmens nicht Teil dessen Eigenkapitals sind, ist das KBV gesunder bzw. wachsender Unternehmen typischerweise >1. Im Umkehrschluss gilt ein KGV <1 als mögliches Kaufsignal. Auch für das KBV gibt es allerdings keine allgemein definierten Werte, bei denen Unternehmen als über- oder unterbewertet gelten. So kann ein KBV <1 einerseits auf eine günstige Bewertung hinweisen, andererseits könnte es auch bedeuten, dass Investoren in Zukunft Verluste erwarten, die das Eigenkapital des Unternehmens verringern könnten. Ein KBV >1 kann ein Signal dafür sein, dass Anleger mit künftig steigenden Gewinnen rechnen. Auch für das KBV gilt es, diese Kennzahl nur zum Vergleich von Unternehmen derselben Branche heranzuziehen. Denn z.B. haben Growth-Aktien typischerweise höhere KBVs als Value-Aktien.

Zielwert

Allgemein gilt: Je niedriger, desto günstiger.

- **Value-Aktien:** Für diese Unternehmen sind eher niedrigere KBVs zu finden. Ein KBV <1 könnte auf ein Schnäppchen hindeuten.
- **Growth-Aktien:** Aufgrund der hohen Erwartungen an zukünftiges Wachstum sind die KBVs typischerweise höher als bei Value-Aktien.

Freier Cashflow (FCF)

Ein *Cashflow* (dt. „Geldfluss“) umfasst alle Zahlungsströme eines Unternehmens in einem bestimmten Zeitraum. Damit ist die Aufsummierung aller Ein- und Auszahlungen gemeint. Der Cashflow ist somit eine wichtige Kennzahl zur Beurteilung der Liquidität (Zahlungsfähigkeit) eines Unternehmens. Die Fähigkeit eines Unternehmens langfristig positive Cashflows zu generieren, ist eine Grundvoraussetzung für Investoren. Es gibt verschiedene Arten von Cashflows, die auf unterschiedliche Art und Weise berechnet werden.

Beispiel aus dem Leben

Ein Cashflow ist die Zusammenrechnung aller Zahlungseingänge und -ausgänge einer bestimmten Periode. Für den Angestellten, Herr Meier, könnten dies z.B. sein:

Einzahlungen (positive Cashflows):

+ Gehaltseingang vom Arbeitgeber
+ Mieteinnahmen aus Vermietung
+ ...

Auszahlungen (negative Cashflows):

- Kreditrate für das Haus
- Leasingrate für das Auto
- Ausgaben für Lebensmittel
- ...

Die Summe aller Cashflows sollte positiv sein. Sonst kann Herr Meier schon bald seine Rechnungen nicht mehr bezahlen. Gleiches gilt für Unternehmen.

Unter Anlegern ist der sog. *Freie Cashflow* (engl. *Free Cash Flow FCF*) einer der meistbeachteten Cashflows. Der FCF ist der Cashflow, den ein Unternehmen aus seiner gewöhnlichen Geschäftstätigkeit generiert, abzüglich aller geschäftsbezogenen Ausgaben (z.B. Investitionen in Maschinen, Fuhrpark oder Immobilien). Der Freie Cashflow ist also die Summe an Geld, die verbleibt, wenn alle geschäftsbezogenen Einzahlungen vereinnahmt sind und keine dazugehörigen Auszahlungen mehr fällig sind.

Umsatz vs. Cashflow

Umsatzerlöse umfassen die Einnahmen aus dem Verkauf von Waren und Dienstleistungen. Es ist jedoch häufig der Fall, dass Verkaufszeitpunkt und Zahlungszeitpunkt nicht gleichzeitig eintreten – z.B. beim Kauf auf Raten oder auf Rechnung mit längerem Zahlungsziel. In diesen Fällen findet der Cashflow verspätet zum Umsatz statt. So kann ein schlechtes Cashflow-Management – trotz positiver Umsatzentwicklung – im schlimmsten Fall zur Zahlungsunfähigkeit oder gar zur Insolvenz führen.

Was sagt der Cashflow aus?

Die Höhe und Verlässlichkeit (Planbarkeit) von Cashflows sind wesentliche Punkte zur Beurteilung der Liquidität (Zahlungsfähigkeit) eines Unternehmens. Ein hoher, planbarer Cashflow deutet auf einen leistungsstarken Betrieb mit ausreichender finanzieller Flexibilität hin. Ein solches Unternehmen ist in der Lage, seinen finanziellen Verpflichtungen nachzukommen und verfügt über genügend Reserven, um Investitionen zu tätigen und wirtschaftliche Schwächephasen zu überleben.

Zielwert

Ein hoher Cashflow ist positiv zu werten. Er zeigt an, dass die liquiden Mittel eines Unternehmens zunehmen, bietet Spielraum in schwierigen Zeiten und ermöglicht die Zahlung von Dividenden an die Aktionäre. Andererseits ist ein niedriger oder (vorübergehender) negativer Cashflow nicht zwangsläufig schlecht. Er kann auch bedeuten, dass ein Unternehmen größere Investitionen eingeht, um neue Märkte zu erschließen oder seine Wettbewerbsfähigkeit zu steigern. Dies ist häufig bei Wachstumsaktien der Fall.

Eigenkapitalrendite

Die *Eigenkapitalrendite* ist eine viel beachtete Kennzahl zur Beurteilung der Rentabilität eines Unternehmens. Sie errechnet sich, indem man den Gewinn nach Steuern durch das Eigenkapital (= Vermögen abzüglich Schulden) teilt.

$$Eigenkapitalrendite\ [\%] = \frac{Gewinn\ nach\ Steuern}{Eigenkapital}$$

Die Eigenkapitalrendite misst, wie viele Euro Gewinn für jeden vorhandenen Euro an Eigenkapital erwirtschaftet werden. Sie veranschaulicht also wie effizient ein Unternehmen sein Eigenkapital einsetzt, um Gewinne zu erzielen.

Zielwert

Auch hier gibt es keinen festen Wert. Allgemein gilt je höher, desto besser. Eine Eigenkapitalrendite von mindestens 10% ist eine vernünftige Größe.

Dividendenrendite

Viele Unternehmen zahlen Dividenden an Ihre Investoren. Growth-Aktien nutzen ihre Gewinne hingegen vorzugsweise für Investitionen und weitere Expansion, anstatt Sie an Ihre Aktionäre auszuschütten. Da der absolute Betrag einer Dividende als Kennzahl allein nicht aussagekräftig ist, setzt man die Dividende ins Verhältnis zum aktuellen Aktienkurs und errechnet so die *Dividendenrendite*:

$$Dividendenrendite\ [\%] = \frac{(erwartete)\ Dividende\ pro\ Aktie}{Kurs\ pro\ Aktie}$$

Die Dividendenrendite besagt, welche zukünftigen prozentualen Einnahmen aus einer Investition in eine Aktie erwartet werden können. Die Rendite basiert auf dem aktuellen Kurs und unter der Annahme, dass die Höhe der Dividende der Erwartung entspricht. Es ist jedoch ratsam diese Annahme genau zu prüfen bevor Sie ein Investment eingehen. Die Dividende wird letztlich erst auf der Hauptversammlung final beschlossen.

Die Investition Ihres Lebens oder nur heiße Luft?

Eine hohe Dividendenrendite ist zunächst eine tolle Sache. Je höher, desto besser. Dennoch macht Sie allein eine Aktie nicht zur Investition Ihres Lebens. Es gibt einige weitere Aspekte, die Sie vor Ihrer Kaufentscheidung genau untersuchen sollten, wie z.B.:

- **Regelmäßige Dividendenerhöhungen:** Hat das Unternehmen eine lange Historie von stetig steigenden Dividenden? Aussetzungen von Dividenden in der Vergangenheit sind als negativ zu werten. Sie wollen schließlich planbare, verlässliche Dividendenzahlungen.

- **Wachstumsaussichten:** Befindet sich das Unternehmen in einer wachsenden Branche? Falls nicht, seien Sie vorsichtig. Selbst die besten Aktien werden hohe Dividenden in einem schrumpfenden Umfeld über längere Zeit kaum halten können (und schon gar nicht erhöhen).
- **Zu schön, um wahr zu sein?** Vergleichen Sie die Dividendenrendite mit der von Wettbewerbern derselben Branche. Ist die Dividende eines Unternehmens deutlich höher als die seiner Konkurrenz, seien Sie vorsichtig. Es könnte sein, dass der Aktienkurs aufgrund einer noch nicht bestätigten, aber erwarteten, Dividendenkürzung oder gar eines Dividendenausfalls gefallen ist, wodurch die Dividendenrendite nun höher erscheint.
- **Bewertung des Unternehmens:** Beachten Sie unbedingt auch weitere Kennzahlen der Fundamentalanalyse.

Zielwert

Je höher, desto besser. Ein guter Dividendentitel hat eine überdurchschnittliche Dividendenrendite. In Zeiten von Niedrigzinsen sind 4% oder mehr ein guter Wert.

Tipp

1. Betrachten Sie eine Kennzahl niemals isoliert. Jede für sich kann zwar auf eine unter- oder überbewertete Aktie hindeuten, ohne das Hinzuziehen weiterer Kennzahlen und Indizien ist ihre Aussagekraft jedoch gering.
2. Vergleichen Sie Kennzahlen eines Unternehmens ausschließlich mit denen von Unternehmen derselben Branche, denn die typischen Werte der Kennzahlen für Aktien anderer Branchen unterscheiden sich teils stark.
3. Beachten Sie auch die Entwicklung der jeweiligen Kennzahl (Historie und Prognose). So können Sie einschätzen, ob sich ein Unternehmen positiv oder negativ entwickelt.
4. Wenn Sie ein Unternehmen gefunden haben, das Ihren Kriterien entspricht und dessen Aktie Sie gekauft haben, prüfen Sie in regelmäßigen Abständen, ob diese Kriterien noch immer erfüllt werden. Würden Sie die Aktie für den aktuellen Preis erneut kaufen? Wenn ja, behalten Sie die Aktie, andernfalls verkaufen Sie sie!

Charttechnik

Die *Charttechnik* wird auch *Chartanalyse* oder *Technische Analyse* genannt. Sie untersucht die Kursbewegungen von Aktien nach bestimmten *Chartmustern* bzw. *-formationen* mit dem Ziel, Trends zu identifizieren und basierend darauf zukünftige Preisbewegungen vorherzusagen. Im Gegensatz zur Fundamentalanalyse lässt sie fundamentale Bewertungskriterien außer Acht. Im Wesentlichen beruht die Charttechnik auf den folgenden Annahmen:

1. Chartverläufe enthalten wichtige Informationen, z.B. zur aktuellen Marktstimmung.
2. Kurse bewegen sich in Form von Trends. Ein Trend bleibt solange intakt, bis er bricht.
3. Die Vergangenheit neigt dazu sich zu wiederholen.

Eine selbsterfüllende Prophezeiung?

Einige Marktteilnehmer bezeichnen die Methoden der Charttechnik als „selbsterfüllende Prophezeiungen“, also Vorhersagen, die ausschließlich wegen ihrer Vorhersage eintreten. Befürworter dieser These sind der Meinung, dass die genutzten Signale und Indikatoren der Charttechnik nur deshalb „richtig“ sind, weil viele Börsianer darauf basierend Kauf- bzw. Verkaufsentscheidungen treffen. Im Klartext: Viele Marktteilnehmer interpretieren die vorliegenden Informationen (Chartverläufe) auf gleiche Art und Weise. Dies führt dazu, dass eine große Anzahl von ihnen zur selben Zeit das Gleiche tut, wodurch sich die Kurse in eine bestimmte Richtung bewegen.

Im Jahr 2020 wurde weltweit etwa die Hälfte aller Börsenumsätze von Computern getätigt[49]. Diese Umsätze bzw. die Entscheidungen dahinter basieren zum Großteil auf charttechnischen Signalen. Ob selbsterfüllende Prophezeiung oder nicht, solange sie funktioniert, hat die Chartanalyse also ihre Daseinsberechtigung. Wenn Sie mich fragen, bleibt die Fundamentalanalyse für langfristige Anleger zwar das Maß aller Dinge, dennoch sollten Sie die Grundlagen der Charttechnik unbedingt kennen.

Charttypen: Aktiencharts richtig lesen

Es gibt verschiedene Arten von Charttypen (Diagrammtypen), die zur Visualisierung der Kursverläufe von Aktien, Wertpapieren und anderen Vermögenswerten genutzt werden können. Die drei wichtigsten Charttypen werden Sie in diesem Kapitel kennenlernen. Alle Darstellungsformen haben gemeinsam, dass sie auf der y-Achse den Wert abbilden (z.B. Kurs in Euro) und auf der x-Achse den zeitlichen Verlauf darstellen (z.B. Januar bis März 2020). Ein Chart bezieht sich also immer auf einen bestimmten Zeitraum – häufig sind dies Jahre, Monate, Wochen, seit Jahresbeginn (*Year-To-Date (YTD)*) oder ein bestimmter Tag (*Intraday*).

Liniencharts

Liniencharts sind die einfachste und bekannteste Darstellungsweise von Kursverläufen. Ein solcher Chart verbindet alle Schlusskurse über einen bestimmten Zeitraum miteinander. Dadurch entsteht der typische Linienverlauf. Dieser Diagrammtyp ist sehr übersichtlich und eignet sich hervorragend, um

[49] Quelle: Der Aktionär (2020), Ausgabe 30, S. 109.

übergeordnete Trends schnell zu erkennen. Daher werden Liniencharts gerne für längere Betrachtungszeiträume eingesetzt. Sie sind ideal, um die Kursverläufe mehrerer Aktien übereinanderzulegen und zu vergleichen.

Abbildung 25: Beispielverlauf eines Liniencharts anhand der Microsoft-Aktie.[50]

Welche Nachteile haben Liniencharts?

Die Informationen, die ein Linienchart liefern kann sind begrenzt, da es einzig und allein die Schlusskurse anzeigt. Alles was dazwischen passiert wird vernachlässigt. Zur Visualisierung kurzfristiger Kursverläufe ist dieser Charttyp also weniger gut geeignet. Daytrader bevorzugen daher häufig die folgenden zwei Darstellungsformen.

<u>Kerzencharts</u>

Im Vergleich zu Liniencharts zeigen *Kerzencharts* (engl. *Candlestick-Charts*), neben den Schlusskursen, auch die Eröffnungs-,

[50] Diagramm von / chart courtesy of StockCharts.com

Höchst- und Tiefstkurse eines Handelstages[51] an. Daher sind sie für die Charttechnik die Darstellungsform der Wahl und eignen sich insbesondere zur Analyse von kurzfristigen Trends. Ein Beispiel eines Kerzencharts finden Sie in Abbildung 26.

Abbildung 26: Beispielverlauf eines Kerzencharts anhand der Microsoft-Aktie.[52]

Wie lese ich Kerzencharts?

Auf den ersten Blick mag so eine „Kerze“ zwar etwas verwirrend aussehen, Sie werden sich jedoch schnell daran gewöhnen mit diesem Charttyp zu arbeiten. Werfen Sie dazu einen Blick auf Abbildung 27:

[51] Eröffnungskurs, Schlusskurs, Hoch und Tief beziehen sich auf die jeweils betrachtete Zeiteinheit (Intervall) im Chart. Da dies meist ein kompletter Handelstag ist, gehen wir im weiteren Verlauf der Einfachheit halber von einem eintägigen Intervall aus. (Für einen Intraday-Chart bezieht sich ein einzelnes Intervall bspw. nicht auf einen kompletten Handelstag, sondern auf kleinere Zeiteinheiten wie z.B. Minuten.)

[52] Diagramm von / chart courtesy of StockCharts.com

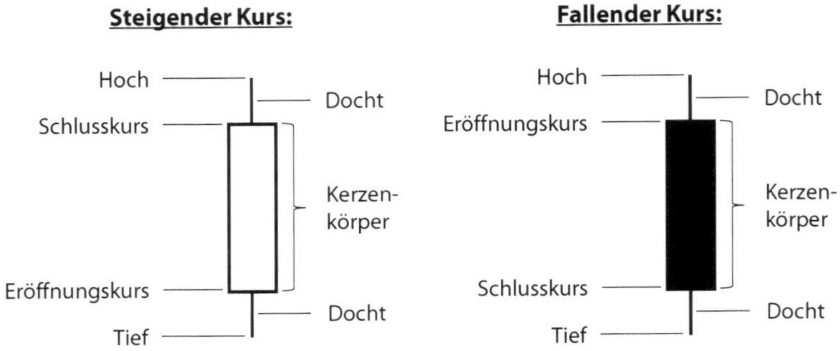

Abbildung 27: Interpretation von Kerzencharts

- **Eröffnungskurs:** Erster Kurs bei Öffnung des Handelstages
- **Schlusskurs:** Letzter Kurs vor Börsenschluss des Handelstages
- **Hoch:** Höchster Kurs innerhalb des Handelstages
- **Tief:** Niedrigster Kurs innerhalb des Handelstages
- **Farbe des Kerzenkörpers:** Bei steigenden Kursen (Schlusskurs liegt über dem Eröffnungskurs), wird die Kerze üblicherweise weiß (hohl) oder grün gezeichnet. Bei fallenden Kursen (Eröffnungskurs ist höher als der Schlusskurs) wird sie meist schwarz oder rot dargestellt.
- **Länge des Kerzenkörpers:** Je länger der Körper, desto weiter lagen Eröffnungskurs und Schlusskurs auseinander. Eine Kerze kann auch „körperlos" sein. Dies ist der Fall, wenn Eröffnungskurs und Schlusskurs (nahezu) identisch sind (vgl. Abbildung 28).
- **Länge des Dochtes:** Jede Kerze kann maximal zwei Dochte (auch *Schatten* genannt) haben – oben und unten. Je länger die Dochte, desto weiter entfernt liegen Eröffnungskurs bzw. Schlusskurs vom Hoch bzw. Tief. Allerdings muss eine Kerze keinen Docht haben. Dies ist

der Fall, wenn Eröffnungskurs bzw. Schlusskurs mit Hoch bzw. Tief übereinstimmen.

Kerzenmuster deuten auf mögliche Kursentwicklungen hin

Es gibt verschiedenste Kerzenmuster mit deren Hilfe mögliche kurzfristige Kursentwicklungen bestimmt werden können. So z.B. Dojis (sog. *„körperlose" Kerzen*), die sich durch sehr kurze Körper und verhältnismäßig lange Dochte auszeichnen. Ein Doji ist eine Kerze, die während eines bestimmten Zeitraums im Preis schwankt, jedoch zum (annähernd) gleichen Preis öffnet und schließt. Solche Muster sind ein Zeichen von Unsicherheit am Markt. Je länger der Docht eines Dojis, desto größer die Unsicherheit der Anleger.

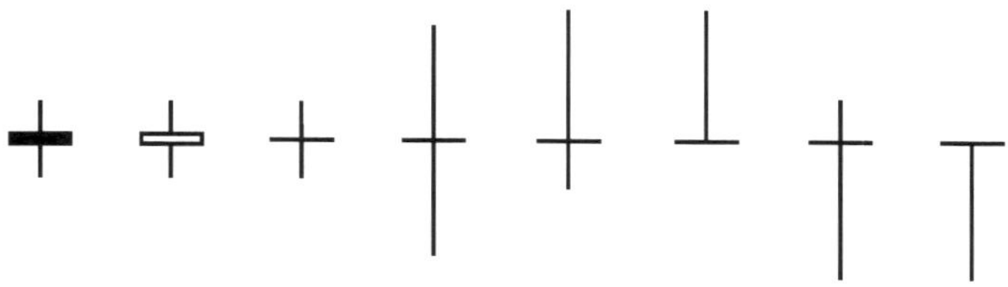

Abbildung 28: Beispiele von Dojis („körperlosen" Kerzen)

Kerzencharts sind ein wesentlicher Aspekt der Charttechnik. Kerzenmuster, wie z.B. Dojis, sind allerdings eher für kurzfristige Anleger relevant. Für langfristige Investoren ist es wichtiger langfristige Trends zu erkennen. Bevor wir die wichtigsten Chartformationen bzw. -muster besprechen, möchte ich Ihnen noch einen weiteren Charttypen vorstellen.

<u>Balkencharts</u>

Balkencharts oder *OHLC-Charts* (engl. *open-high-low-close*) nutzen dieselben Informationen wie Kerzencharts. Sie zeigen also ebenfalls Eröffnungskurs (*open*), Hoch (*high*), Tief (*low*) und Schlusskurs (*close*) an. Balkencharts und Candlestick-Charts unterscheiden sich somit lediglich in der Darstellung. Auch wenn Kerzencharts tendenziell häufiger verwendet werden, werden Sie sicher das eine oder andere Mal über Balkencharts stolpern. Sie finden ein Beispiel in Abbildung 29.

Abbildung 29: Beispielverlauf eines Balkencharts anhand der Microsoft-Aktie.[53]

Balkencharts sind einfach zu lesen: Hochs und Tiefs werden durch eine vertikale Linie (Balken) dargestellt. Sowohl für steigende als auch für fallende Kursverläufe wird der Eröffnungskurs stets durch eine kleine horizontale Linie auf der linken Seite des Balkens angezeigt. Der Schlusskurs wird analog auf der rechten Seite als horizontale Linie angezeigt (s. Abbildung 30).

[53] Diagramm von / chart courtesy of StockCharts.com

Abbildung 30: Interpretation von Balkencharts

Chartformationen

Charttechniker untersuchen die aktuellen Kursverläufe auf *Formationen* bzw. *Muster*, um zukünftige Bewegungen vorherzusagen. Diese ergeben sich aus verschiedenen Trendlinien und Kurven. Anhänger der Charttechnik gehen davon aus, dass eine bevorstehende Trendbestätigung bzw. -umkehr anhand des aktuellen Chartverlaufs vorhergesagt werden kann. Dabei wird unterschieden zwischen

1. *Fortsetzungsformationen* und
2. *Umkehrformationen.*

Eine Fortsetzungsformation liegt vor, wenn ein Kurs nach einer kurzen Pause in die Richtung des bisherigen Trends weiterläuft. Hingegen zeigt eine Umkehrformation an, dass eine Trendumkehr bevorsteht. Während der Entstehung eines Chartmusters ist es jedoch nicht möglich vorherzusagen, ob sich ein Trend bestätigen oder umkehren wird. Bis zur vollständigen Ausbildung einer Formation gehen Charttechniker daher davon aus, dass sich ein Trend fortsetzt. Erst die Vollendung einer Chartformation liefert Klarheit und generiert ein Kauf- bzw. Verkaufssignal. Häufig sinken die Handelsvolumen im Verlauf der Ausbildung einer Formation, um dann beim Ausbruch deutlich zu steigen. Allgemein gilt auch: Je größer die zeitliche Dauer einer Chartformation und je größer die Kursbewegungen innerhalb des Musters, desto stärker die Bewegung nach Abschluss der Formation.

Bevor wir die gängigsten Chartformationen besprechen, werfen wir einen Blick auf Trendlinien. Sie bilden die Grundlage aller Formationen.

Trendlinien, Unterstützungen und Widerstände

Um die verschiedenen Formationen zu identifizieren, werden sog. *Trendlinien* verwendet. Trendlinien sind gerade Linien, die horizontal oder abgewinkelt in ein Kursdiagramm eingezeichnet werden. Sie bestehen aus mindestens zwei miteinander verbundenen Punkten. Eine Trendlinie verbindet eine Reihe von absteigenden Höchstständen (Hochs) oder aufsteigenden Tiefstständen (Tiefs), um *Unterstützungen* bzw. *Widerstände* zu identifizieren. Widerstände können auch aus (annähernd) gleich hohen Hochs und Unterstützungen aus (annähernd) gleich tiefen Tiefs gebildet werden. Der Trend gilt als umso stärker, je mehr Punkte die Trendlinie umfasst.

In den folgenden Beispielen stellen die dicken Linien den Kursverlauf und die dünnen Linien die Trendlinien dar. Der Einfachheit halber werden Liniencharts verwendet. Trendlinien können jedoch genauso in Kerzencharts oder Balkencharts eingezeichnet werden. Oftmals, insbesondere bei kürzeren Betrachtungszeiträumen, ist dies sogar sinnvoller. Bei Kerzencharts können die Punkte entweder anhand des Dochts (Hochs bzw. Tiefs) oder des

Kerzenkörpers (Eröffnungs- bzw. Schlusskurse) verbunden werden. Analoges gilt für Balkencharts. Daytrader verwenden in Tagesdiagrammen häufig Schlusskurse, um Trendlinien zu zeichnen. Sie versprechen sich davon eine höhere Aussagekraft, da die Schlusskurse die Marktteilnehmer repräsentieren, die bereit sind eine Position über das Ende des Handelstages hinaus zu halten.

Aufwärtstrend

Ein *Aufwärtstrend* liegt vor, wenn der Kursverlauf durch immer höhere Hochs und immer höhere Tiefs gekennzeichnet ist. Die Aufwärtstrendlinie wird durch das Verbinden der Tiefs eingezeichnet. Die Trendlinie ist in diesem Fall die sog. *Unterstützung* gegen niedrigere Preise. Solange der Trend intakt ist, werden zukünftige Kurse nicht unter diese Linie fallen. Ein „Antesten“ dieser Unterstützung bei anschließendem „Abprallen“ nach oben bestätigt den Aufwärtstrend. Erst ein nachhaltiges Unterschreiten dieser Unterstützung würde eine Unterbrechung oder Umkehr des Trends bedeuten.

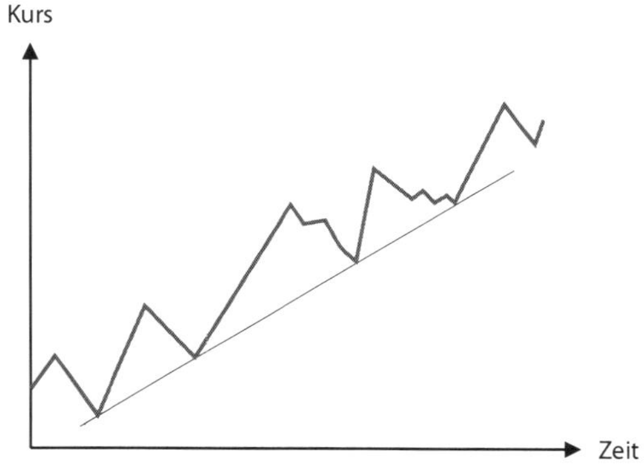

Abbildung 31: Aufwärtstrend: Die Trendlinie verbindet aufsteigende Tiefs.

Abwärtstrend

Ein *Abwärtstrend* verhält sich gegenläufig zum Aufwärtstrend. Der Chartverlauf zeichnet sich durch immer niedrigere Hochs und niedrigere Tiefs aus. Die Abwärtstrendlinie wird durch das Verbinden der Hochs eingezeichnet. Die Trendlinie repräsentiert hier den sog. *Widerstand* gegen höhere Kurse. Bleibt der Trend intakt werden zukünftige Preise nicht über dieser Linie liegen. Ein „Antesten" dieses Widerstandes bei anschließendem „Abprallen" nach unten bekräftigt den Abwärtstrend. Erst ein nachhaltiges Überschreiten des Widerstandes würde eine Unterbrechung oder Umkehr des Trends ermöglichen.

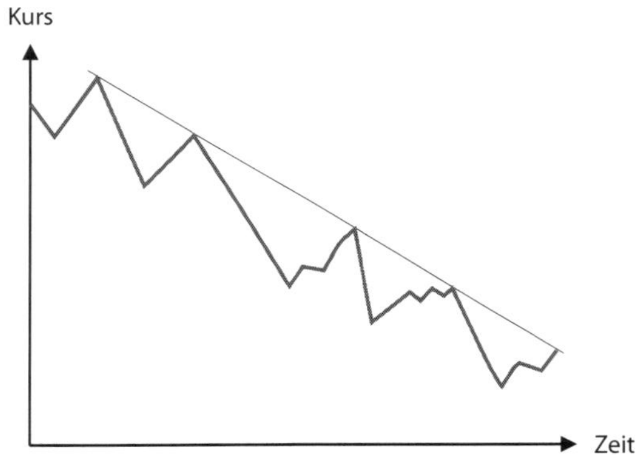

Abbildung 32: Abwärtstrend: Die Trendlinie verbindet sinkende Hochs.

Seitwärtstrend

Ein *Seitwärtstrend* liegt vor, wenn sich ein Preis in einem horizontalen *Trendkanal* bestehend aus zwei parallel verlaufenden Trendlinien hin- und herbewegt. Die Trendlinien verbinden ähnlich hohe Hochs bzw. ähnlich tiefe Tiefs. Die obere Trendlinie stellt den Widerstand dar, während die untere Trendlinie die Unterstützung bildet. Erst ein nachhaltiger Ausbruch aus diesem

Trendkanal nach oben oder unten beendet den Seitwärtstrend und generiert ein neues Kauf- bzw. Verkaufssignal. Im Rahmen einer Konsolidierung, z.B. nach einer kurzen Phase stark gestiegener Kurse, kommt es häufig zu einer vorübergehenden Seitwärtsbewegung. Dies ist häufig eine Art „Verschnaufpause" bevor die Aktie wieder mit stärkeren Bewegungen, in die eine oder andere Richtung beginnt.

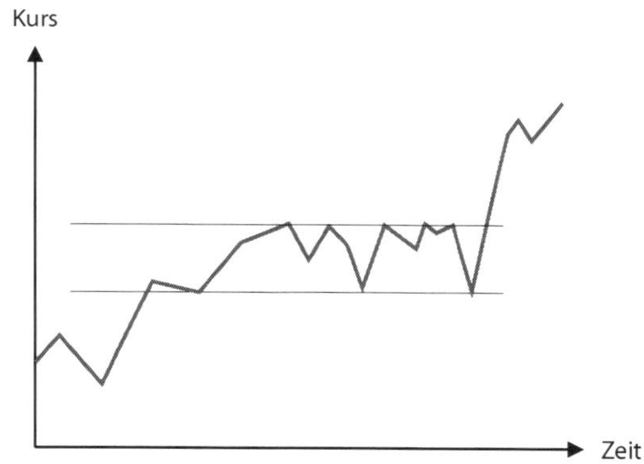

Abbildung 33: Seitwärtstrend: Zwei parallel verlaufende Trendlinien verbinden ähnlich hohe Hochs bzw. ähnlich tiefe Tiefs zu einem Trendkanal.

In den obigen Beispielen wurden der Einfachheit halber Liniencharts verwendet. Trendlinien können jedoch genauso in Kerzencharts oder Balkencharts eingezeichnet werden. Oftmals, insbesondere bei kürzeren Betrachtungszeiträumen, ist dies sogar sinnvoller. Bei Kerzencharts können die Punkte entweder anhand des Dochts (Hochs bzw. Tiefs) oder des Kerzenkörpers (Eröffnungs- bzw. Schlusskurse) verbunden werden. Analoges gilt für Balkencharts. Daytrader verwenden in Tagesdiagrammen häufig Schlusskurse, um Trendlinien zu zeichnen. Sie versprechen sich davon eine höhere Aussagekraft, da die Schlusskurse die Markteilnehmer repräsentieren, die bereit sind eine Position über das Ende des Handelstages hinaus zu halten.

Merke!

Chartformationen ergeben sich aus den Kursbewegungen einer Aktie und bilden die Grundlage der Charttechnik. Es wird zwischen Fortsetzungs- und Umkehrformationen unterschieden. Die einzelnen Muster werden anhand von Trendlinien identifiziert, die durch das Verbinden von Hochs oder Tiefs in einem Kursdiagramm entstehen. Die Trendlinien wiederum fungieren als Unterstützungen bzw. Widerstände für den weiteren Kursverlauf.

Fortsetzungsformationen

In einer Fortsetzungsformation folgt auf eine vorübergehende Trendunterbrechung die Wiederaufnahme des vorherigen Trends. Dies ist häufig eine Art „Verschnaufpause", in der Bullen oder Bären Kraft tanken, bevor die Aktie wieder Fahrt aufnimmt. Der Ausbruch des Kurses aus der Formation generiert ein Kaufsignal (bullische Muster) bzw. ein Verkaufssignal (bärische Muster).

Flaggen

Flaggenformationen entstehen häufig in vergleichsweise kurzen Zeiträumen. Sie bestehen aus einem Trendlinienkanal, also zwei parallel verlaufenden Trendlinien. Typischerweise erscheint eine aufwärtsverlaufende (bärische) Flagge als eine vorübergehende Trendunterbrechung in einem übergeordneten Abwärtstrend. Eine abwärtsverlaufende (bullische) Flagge stellt eine Pause in einem übergeordneten Aufwärtstrend dar. In beide Richtungen gilt typischerweise: Durchbricht der Kurs die Formation, wird ein Kaufsignal bzw. Verkaufssignal ausgelöst und der übergeordnete Trend wieder aufgenommen.

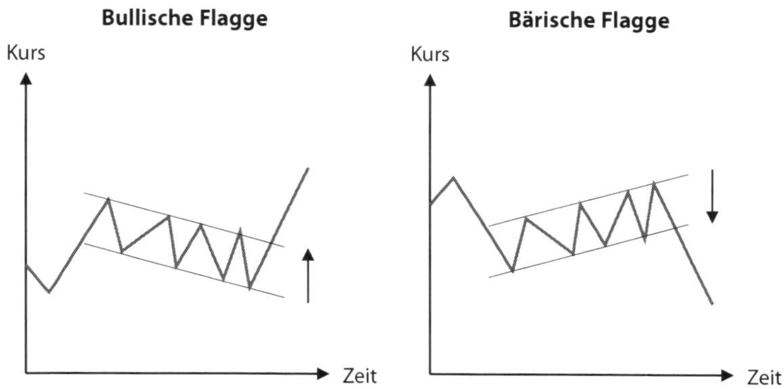

Abbildung 34: Bullische und Bärische Flagge

Rechteck

Ein *Rechteck* besteht aus einem horizontal verlaufender Trendkanal. So ergibt sich ein Muster aus gleichbleibenden Tiefs und gleichbleibenden und Hochs. Auch hier kommt es bei Kursausbruch i.d.R. zu einer Fortsetzung des vorangegangenen Trends.

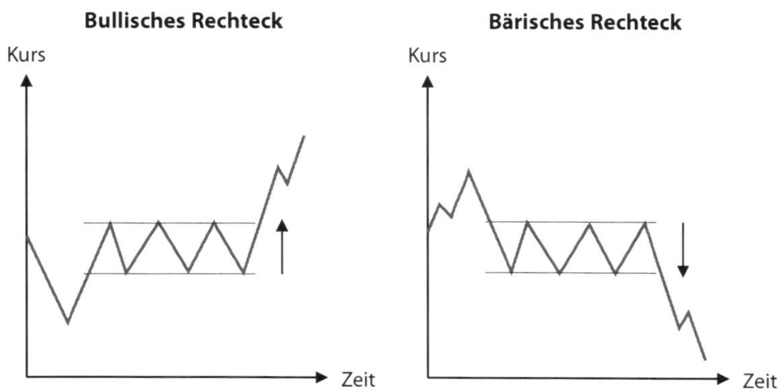

Abbildung 35: Bullisches und Bärisches Rechteck

Wimpel und symmetrische Dreiecke

Wimpel und *symmetrische Dreiecke* bestehen aus zwei aufeinander zulaufenden Trendlinien. Beide Trendlinien zeigen also in verschiedene Richtungen und es bilden eine Formation aus steigenden Tiefs und fallenden Hochs. Wimpel und symmetrische Dreiecke unterscheiden sich optisch allein in Ihrer zeitlichen Ausdehnung. Die Ausbildung des symmetrischen Dreiecks erfolgt über einen längeren Zeitraum als die des Wimpels. Durch die geringere Dauer der Wimpelformation sinkt ihre Volatilität schneller als beim symmetrischen Dreieck. In der Realität spielt es kaum eine Rolle, ob es sich um einen Wimpel oder ein symmetrisches Dreieck handelt. Ein Ausbruch, generiert in beiden Formationen ein Signal zur Trendfortsetzung.

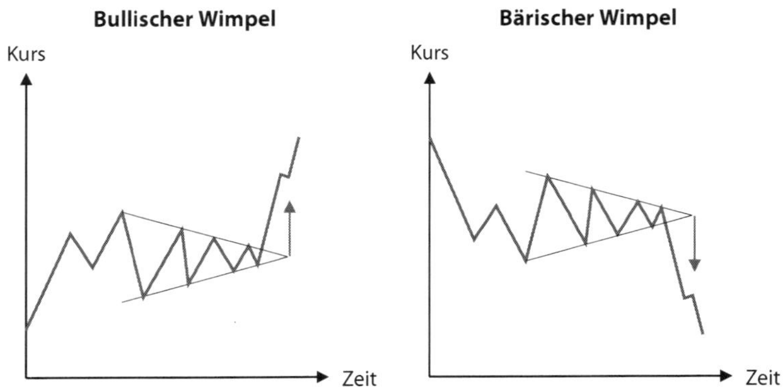

Abbildung 36: Bullischer und Bärischer Wimpel

Keil

Ein *Keil* sieht auf den ersten Blick aus wie ein Wimpel oder ein symmetrisches Dreieck. Keile zeichnen sich jedoch durch zwei in dieselbe Richtung verlaufende Trendlinien aus – es zeigen also beide nach oben oder beide nach unten. So ergibt sich ein Muster aus fallenden Tiefs und fallenden Hochs bzw. aus steigenden Tiefs und steigenden Hochs. Ebenso wie die vorangegangenen Muster bestätigen auch Keilformationen für gewöhnlich den übergeordneten Trend.

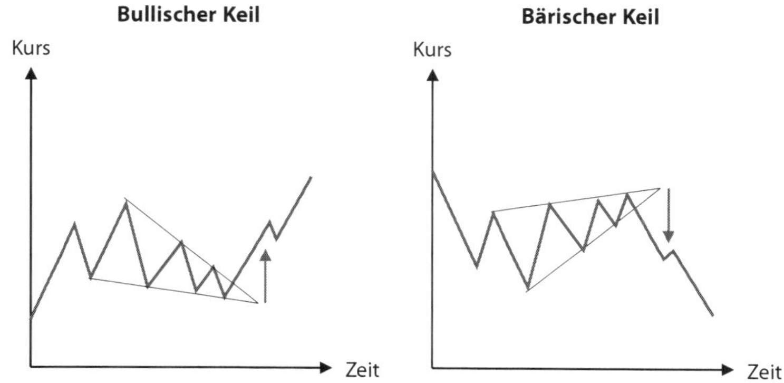

Abbildung 37: Bullischer und Bärischer Keil

Aufsteigendes und absteigendes Dreieck

Ein *aufsteigendes Dreieck* erscheint typischerweise als Unterbrechung in einem Aufwärtstrend. Es zeichnet sich durch eine aufsteigende untere Trendlinie und einer horizontal verlaufenden oberen Trendlinie aus.

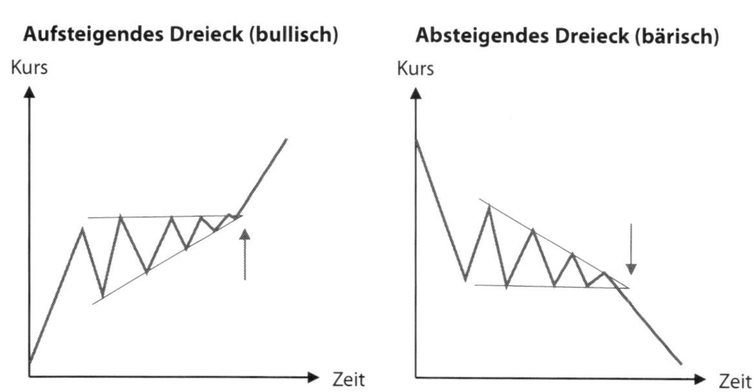

Abbildung 38: Aufsteigendes und absteigendes Dreieck

Hingegen haben *absteigende Dreiecke* eine horizontal verlaufende untere Trendlinie gepaart mit einer absteigenden oberen Trendlinie. Sie stellen eine Pause in einem Abwärtstrend dar. Auch hier gilt also, dass ein Ausbruch i.d.R. den übergeordneten Trend bestätigt.

Umkehrformationen

Umkehrformationen sind das Gegenteil von Fortsetzungsformationen. Der Abschluss einer Umkehrformation signalisiert eine hohe Wahrscheinlichkeit, dass der bisherige Trend zu Ende kommen und in die andere Richtung drehen wird.

Doppel-Hoch und Doppel-Tief

Doppel-Hoch (*M-Formation*) und *Doppel-Tief* (*W-Formation*) entstehen, wenn ein Kurs zweimal an einem ähnlich hohen Widerstand bzw. einer ähnlich niedrigen Unterstützung in die entgegengesetzte Richtung abprallt. Beide Muster kommen relativ häufig vor. Das Doppel-Hoch sieht aus wie der Buchstabe „M". Es entsteht, wenn eine Aktie im Kursverlauf zweimal erfolglos versucht eine bestimmte Widerstandsmarke zu überwinden. Infolgedessen kommt es häufig zu einer Trendumkehr. Ein Doppel-Tief sieht durch seinen Doppelboden aus wie ein „W". Es verhält sich gegenläufig zum Doppel-Hoch: Hier prallt der Kurs zwei Mal an einer Unterstützung ab. Auch in diesem Fall ist die typische Reaktion eine Umkehr des bisherigen Trends.

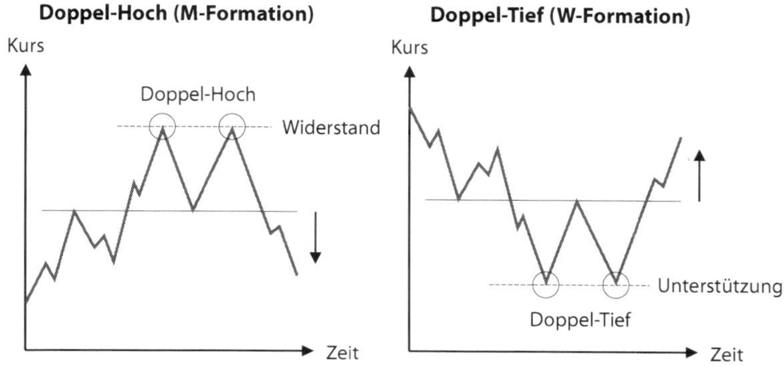

Abbildung 39: Doppel-Hoch (M-Formation) und Doppel-Tief (W-Formation)

Seltener ergeben sich *Dreifach-Hochs* oder *Dreifach-Tiefs*. Sie entstehen, wenn es ein Kurs dreimal nicht schafft einen ähnlich hohen Widerstand bzw. eine ähnlich niedrige Unterstützung zu überwinden und an ihr abprallt. Ansonsten verhalten sich Dreifach-Hochs bzw. -Tiefs analog zu ihren kleinen Brüdern. Sie werden jedoch als noch stärkeres Signal für eine Trendumkehr gewertet.

Schulter-Kopf-Schulter-Formation (SKS)

Eine *Schulter-Kopf-Schulter-Formationen (SKS)* ist eine klassische Umkehrformation. Die Trendlinie wird hier auch als Nackenlinie bezeichnet und fungiert als Unterstützung. Oberhalb der Nackenlinie bilden sich drei Hochs aus, von denen das mittlere das höchste ist (Kopf). Die es umgebenden, kleineren Hochs (Schultern) liegen etwas niedriger, aber in etwa gleichhoch zueinander (leichte Neigungen sind akzeptabel). Die Formation gilt als vollendet, wenn ausgehend vom dritten Hoch eine Abwärtsbewegung eingeleitet und die Nackenline nach unten durchbrochen wird und wird von Charttechnikern als Verkaufssignal gewertet. Umgekehrte bzw. inverse SKS-Formationen verlaufen genau entgegengesetzt. Sie generieren ein Kaufsignal, sobald die Nackenlinie zum Ende der Formation überschritten wird. Wie bei anderen Mustern auch, kommt es vor, dass das Handelsvolumen während der Ausbildung der Formation zurückgeht, um beim Ausbruch wieder zu steigen.

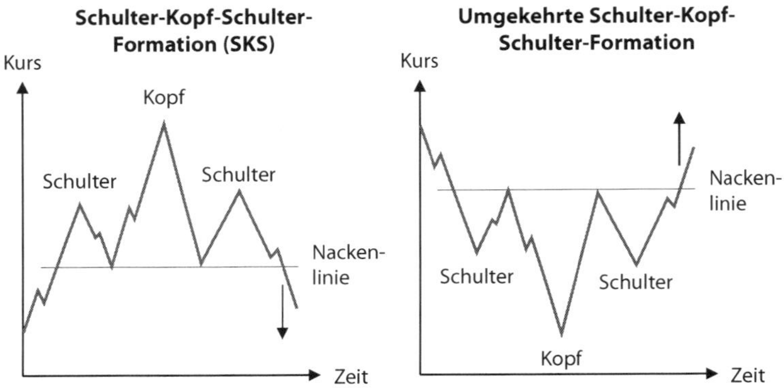

Abbildung 40: Schulter-Kopf-Schulter-Formation (SKS) und umgekehrte Schulter-Kopf-Schulter-Formation

Rücksetzer (Pullbacks)

Wenn Sie genau hingesehen haben, ist Ihnen vielleicht aufgefallen, dass in den bis hierher vorgestellten Chartformationen die Ausbrüche stets in eine eindeutige Richtung verlaufen sind. Dies ist in der Praxis häufig leider nicht so eindeutig und nicht selten kommt es zu *Rücksetzern* (engl. *Pullbacks*). Dann erfolgt nach dem Ausbruch ein erneutes *Testen* (Berühren) der Trendlinie (in Abbildung 41 umkreist). Der Rücksetzer wird als weiteres Bestätigungssignal zur Trendfortsetzung bzw. Trendumkehr gewertet. Pullbacks können sowohl bei Fortsetzungs- als auch bei Umkehrformationen auftreten.

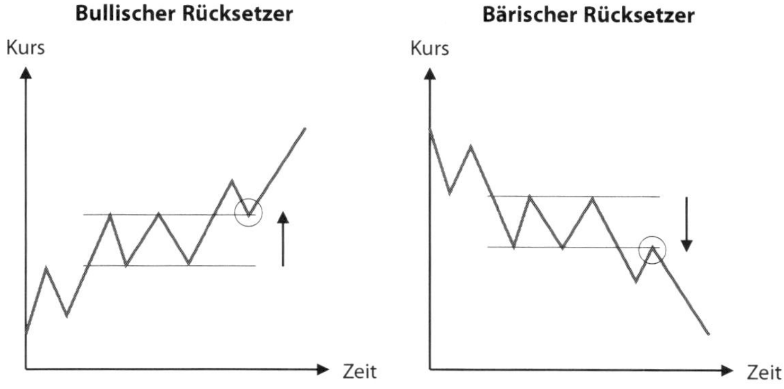

Abbildung 41: Rücksetzer zurück auf die Trendlinie als weiteres Signal zur Trendbestätigung am Beispiel eines Rechtecks

Rücksetzer stellen oftmals eine gute Einstiegsmöglichkeit bzw. einen geeigneten Verkaufszeitpunkt dar. Wichtig ist, dass der Kurs sofort wieder an der Trendlinie in die erwartete Richtung abprallt. Dann wurde die Unterstützung bzw. der Widerstand *erfolgreich getestet*. Andernfalls liegt ein Fehlausbruch vor.

Fehlausbrüche

Chartformationen können Hinweise auf die zukünftige Richtung der Kurse geben. Hingegen sind Emotionen, Nachrichten oder politische Entscheidungen unvorhersehbar und können am Markt eine höhere Gewichtung haben als charttechnische Signale. *Fehlsignale* und *Fehlausbrüche* können daher bei allen Chartformationen auftreten. Ein Kaufsignal, das sich rückblickend als Fehlsignal erweist, wird auch als *Bullenfalle* bezeichnet. Sein Pendant ist die *Bärenfalle*.

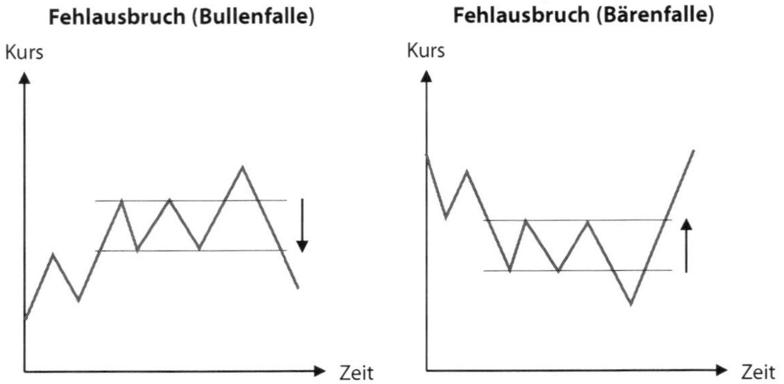

Abbildung 42: Fehlsignale: Bullen- und Bärenfalle am Beispiel eines Rechtecks

Gleitender Durchschnitt

Charttechniker verwenden *gleitende Durchschnitte (GDs)*, um Preistrends für Aktien (oder andere Anlageklassen) zu verstehen. Ein steigender gleitender Durchschnitt kann auf aktuelle und künftige Kursteigerungen einer Aktie hinweisen. Ein fallender gleitender Durchschnitt kann gegenteilig interpretiert werden. Mittlerweile gibt es eine Vielzahl verschieden berechneter, teils komplexer, gleitender Durchschnitte.

Für den Anfang ist es ausreichend den einfachen gleitenden Durchschnitt und seine Bedeutung zu kennen. Dieser wird errechnet als die Summe aller Preise innerhalb eines Zeitraums geteilt durch die Anzahl an Perioden in diesem Zeitraum. Ein Beispiel: Der GD_{50} (auch *50-Tage-Linie* genannt) ist der gleitende Durchschnittspreis einer Aktie über 50 Tage. Zu seiner Berechnung summieren wir also die Schlusskurse der letzten 50 Tage und teilen diese Summe anschließend durch 50 (Tage):

$$GD_{50} = \frac{Preis_{Tag\ 1} + Preis_{Tag\ 2} + \ldots + Preis_{Tag\ 50}}{50}$$

Nun haben wir den GD_{50} für einen bestimmten Tag errechnet. Um ihn als Linie in unseren Chart einzeichnen zu können, müssen wir diese Berechnung für jeden Tag des Betrachtungszeitraums wiederholen. Die berechneten Werte werden nun in den Chart eingetragen und miteinander verbunden. Durch die fortlaufenden Durchschnittspreise werden kurzfristige Kursbewegungen eliminiert und der langfristige Trend einer Aktie erkennbar. Keine Angst, Sie müssen solche Durchschnitte nicht selbst berechnen. Die meisten Finanzportale und Online-Broker ermöglichen das Ein- und Ausblenden solcher Durchschnitte in den Charts auf ihrer Website mit nur wenigen Klicks. Im folgenden Beispielchart sehen Sie den Verlauf der 50-Tage-Linie für die Aktie von Microsoft.

Abbildung 43: Beispielverlauf der 50-Tage-Linie (GD_{50}) (hellgrau) anhand der Microsoft-Aktie[54]

[54] Diagramm von / chart courtesy of StockCharts.com

50-Tage-Linie und 200-Tage-Linie

Prinzipiell können gleitende Durchschnitte für jeden beliebigen Zeitraum gebildet werden. In der Praxis finden insbesondere GD_{50} (*50-Tage-Linie*) und GD_{200} (*200-Tage-Linie*) starke Beachtung.[55] In einem Aufwärtstrend dienen die Linien häufig als Unterstützungsniveau, wie Abbildung 44 veranschaulicht. Hier berührt die Aktie im Kursverlauf immer wieder die 50-Tage-Linie, ohne sie (nachhaltig) zu unterschreiten (im Chart umkreist). Andersherum fungieren gleitende Durchschnitte im Abwärtstrend als Widerstand. In beide Richtungen wirken sie also trendbestätigend.

Abbildung 44: 50-Tage-Linie als Unterstützung im Aufwärtstrend am Beispiel der BASF-Aktie[56]

In einem Kursverlauf werden gleitende Durchschnitte nicht immer als Unterstützung oder Widerstand „anerkannt" werden. Eine Durchkreuzung ist keine Seltenheit und generiert ein

[55] Darüber hinaus sind auch 10-, 20-, 38-, 90- und 100-Tage-Linien weit verbreitet.

[56] Diagramm von / chart courtesy of StockCharts.com

technisches Signal. Durchstößt die Aktie einen gleitenden Durchschnitt von unten nach oben entsteht ein Kaufsignal. Wird der gleitende Durchschnitt „gerissen“, d.h. von oben nach unten durchkreuzt, generiert dies wiederum ein Verkaufssignal.

Die Signale gelten als umso zuverlässiger, je größer der Betrachtungszeitraum (also je länger der Trend) ist. Ein Über- oder Unterschreiten der 200-Tage-Linie generiert daher ein stärkeres Signal im Vergleich zum Über- oder Unterschreiten der 50-Tage-Linie. Im Umkehrschluss ist die 50-Tage-Linie für kurzfristige Trends von größerer Bedeutung, während die 200-Tage-Linie eher für längerfristige Trends relevant ist.

50- und 200-Tage-Linie in der Praxis

Wir betrachten ein weiteres Beispiel:

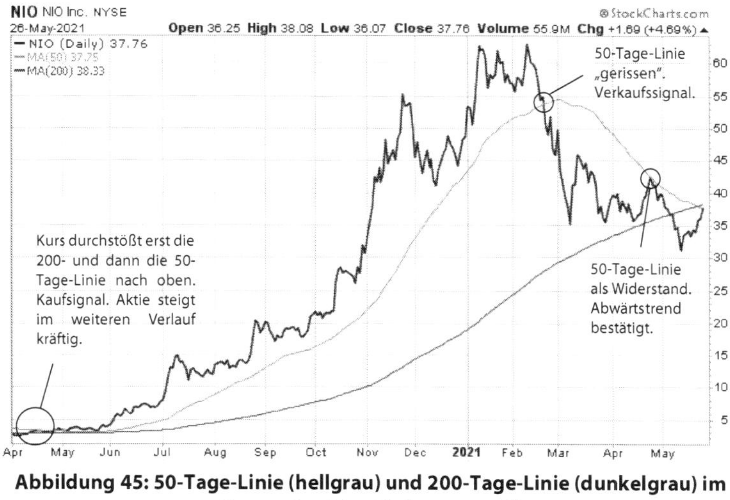

Abbildung 45: 50-Tage-Linie (hellgrau) und 200-Tage-Linie (dunkelgrau) im Kursverlauf der Aktie von NIO[57]

[57] Diagramm von / chart courtesy of StockCharts.com

In Abbildung 45 erkennen wir, dass sich der Kursverlauf in einem Aufwärtstrend befindet, sobald der Aktienpreis über dem gleitenden Durchschnitt liegt. Liegt er hingegen unterhalb des gleitenden Durchschnitts, ist der Trend abwärts gerichtet. Gleichzeitig sehen wir, dass die Richtungswechsel von GD_{50} und GD_{200} zeitlich verzögert zum eigentlichen Kursverlauf auftreten. Dies liegt daran, dass die GDs aus vergangenen Kursdaten berechnet werden und führt zu einer Glättung, die mit dem Betrachtungszeitraum steigt. Im Klartext: Die Richtung der 200-Tage-Linie ändert sich langsamer als die der 50-Tage-Linie.

Die von gleitenden Durchschnitten generierten Signale, Unterstützungen und Widerstände sind mal mehr und mal weniger verlässlich. Sie basieren auf historischen Daten und haben mit „Vorhersehung“ nichts zu tun. Dennoch kommt es häufig vor, dass die durch GDs generierten Signale in Märkten mit klaren Trendrichtungen funktionieren. In längeren Seitwärtstrends oder stark volatilen Märkten, sind gleitende Durchschnitte meist jedoch weniger aussagekräftig. Dann empfiehlt es sich längere Betrachtungszeiträume zu wählen oder gänzlich auf andere Indikatoren zu setzen.

Merke!

Ein gleitender Durchschnitt (GD) ist ein viel beachteter charttechnischer Indikator. Er glättet Preise, indem er Durchschnittskurse über einen bestimmten Zeitraum bildet. GDs werden zur Identifizierung der Trendrichtung und der Bestimmung von Unterstützungs- und Widerstandsniveaus genutzt. Wenn ein Aktienkurs einen GD kreuzt, erzeugt dies ein Kauf- bzw. Verkaufssignal.

Ganzheitliche Betrachtung

Fondsmanager Joel Greenblatt beschrieb das Geheimnis des erfolgreichen Anlegens einst als die Fähigkeit, den Wert einer Sache zu identifizieren, um dann deutlich weniger dafür zu bezahlen. Durch eine konsequente Kombination von Fundamentalanalyse und Charttechnik kommen Sie diesem Ziel wahrscheinlich am nächsten: So kann Ihnen die Fundamentalanalyse dabei helfen, den fairen Wert eines Investments zu beurteilen, während Ihnen die Charttechnik Hinweise geben kann, ob möglicherweise ein geeigneter Kaufzeitpunkt vorliegt.

Theorie vs. Praxis

Abbildung 46: Abwärtstrend, übergeordneter Aufwärtstrend oder Seitwärtstrend? Uneinheitliches Chartbild bei der AMD-Aktie. [58]

Haben Sie eine fundamental unterbewertete Aktie ausgemacht in deren Chartverlauf sich ein oder mehrere Kaufsignale ausgebildet haben? Herzlich Glückwunsch! Seien Sie allerdings gewarnt, dass

---

[58] Diagramm von / chart courtesy of StockCharts.com

den Börsenalltag zu, wie Abbildung 46 verdeutlicht. Im Beispielchart sehen wir mehrere Formationen und Indikatoren: Einen übergeordneten Aufwärtstrend, eine mittelfristige Seitwärtsbewegung mit mehreren Unterstützungs- und Widerstandsniveaus sowie einen kurzfristigen Abwärtskanal. Gleichzeitig notiert die Aktie unterhalb der 50-Tage-Linie und hat vor Kurzem auch die 200-Tage-Linie unterschritten. In solchen Situationen, in denen es keine eindeutigen Signale gibt, ist es charttechnisch keine schlechte Idee erst einmal abzuwarten.

Für langfristige Anleger bleibt die Fundamentalanalyse eines jeden Investments das A und O. Die Charttechnik kann jedoch ein sinnvolles, ergänzendes, Vehikel sein, um Trends, Widerstände und Unterstützungen zu erkennen und letztlich geeignete Ein- bzw. Ausstiegszeitpunkte zu erwischen. Dabei ist es wichtig auf die Vollendung einer Chartformation zu warten, denn erst dann wird ein Kauf- bzw. Verkaufssignal generiert. Seien Sie sich gleichzeitig bewusst, dass Rücksetzer und Fehlausbrüche in der Praxis immer wieder vorkommen. Ein exaktes Timing des Marktes ist noch niemandem über einen längeren Zeitraum gelungen. Auch Sie werden keine Ausnahme darstellen.

Aktiensuche: Der Weg durch den Börsendschungel

Da Sie nun in der Lage sind zu beurteilen, ob eine Aktie günstig oder teuer bewertet ist und aktuelle Trends einschätzen können, stellt sich die Frage, wie Sie mit möglichst wenig Aufwand geeignete Kaufkandidaten ausfindig machen können. *Aktien-Screener* bzw. *Aktienfinder* (engl. *Stock Screener*) sind Werkzeuge, die Ihnen die Aktiensuche erleichtern können. Sie stellen einen geeigneten Ausgangspunkt dar, um sich Inspirationen zu verschaffen und verschiedene Wertpapiere miteinander zu vergleichen. Mit Hilfe dieser Suchmaschinen können Sie riesige Datenbanken nach Ihren eigenen Kriterien durchsuchen und so passende Aktien identifizieren. Häufig bieten Online-Broker, genauso wie eine Vielzahl unabhängiger Plattformen im Internet, kostenlose Aktien-Screener an. Je nach Angebot sind mehr oder weniger Filteroptionen verfügbar – von Fundamentaldaten bis hin zu charttechnischen Signalen.

Aktien-Screener in der Praxis

Sollten Sie zuvor noch nie einen Aktien-Screener genutzt haben, ist es wahrscheinlich, dass Sie die scheinbar unzähligen Auswahlmöglichkeiten überwältigen. Bevor Sie loslegen sollten Sie sich daher zunächst Gedanken machen, welche Kennzahlen bzw. Parameter für Sie die wichtigsten Auswahlkriterien sind. Als langfristiger Investor können Sie Aktien z.B. basierend auf fundamentalen Kennzahlen wie Marktkapitalisierung, KGV oder Dividendenrendite eingrenzen. Hingegen sind Sie als Trader vielleicht eher an charttechnischen Daten wie gleitenden Durchschnitten oder Chartsignalen interessiert. Darüber hinaus bieten Aktien-Screener häufig weitere Eingrenzungsmöglichkeiten wie z.B. Aktien aus bestimmten Regionen, Branchen oder solche, die an einer bestimmten Börse gelistet sind. Je mehr Filter Sie dabei setzen, desto kleiner wird die Anzahl der Suchergebnisse.

Der kostenlose Aktien-Screener von Yahoo! Finanzen bietet eine große Auswahl zum Filtern nach Fundamentaldaten. Im Beispiel in Abbildung 47 wurde nach Unternehmen gesucht, die an der NYSE gehandelt werden und ein KGV < 8 und eine Dividendenrendite von mindestens 4% aufweisen.

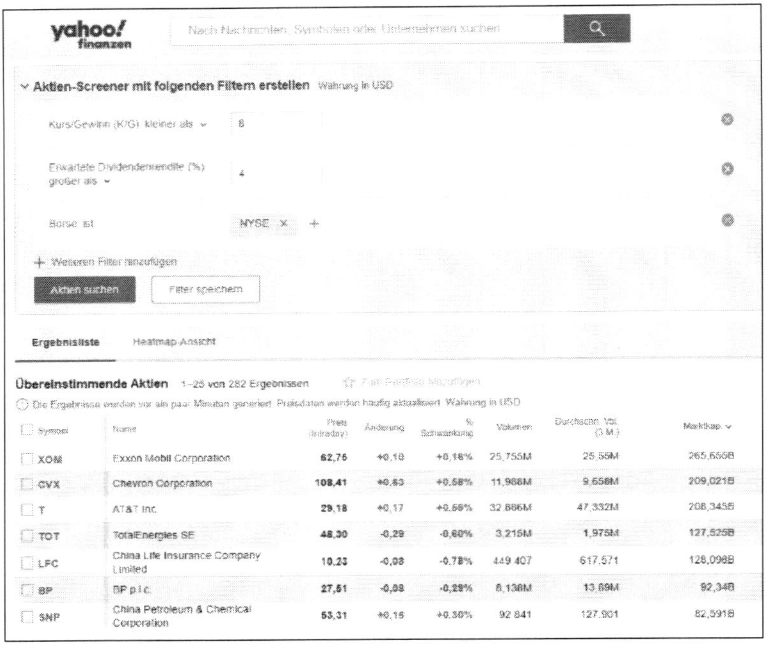

Abbildung 47: Kostenloser Aktien-Screener von Yahoo! Finanzen[59]

Bedenken Sie, dass so eine Suchmaschine nur so schlau ist wie die Person, die sie bedient. Um das Leben der Anleger etwas einfacher zu machen, bieten viele der Anbieter aber auch vordefinierte Suchmöglichkeiten (vgl. Abbildung 48). Für Yahoo! Finanzen sind das u.a. "Aktien mit den meisten Leerverkäufen", "unterbewertete Wachstumsaktien" oder die "Gewinner des Tages".

[59] Quelle: Screenshot https://de.finance.yahoo.com/screener/, Zugriff: Juni 2021.

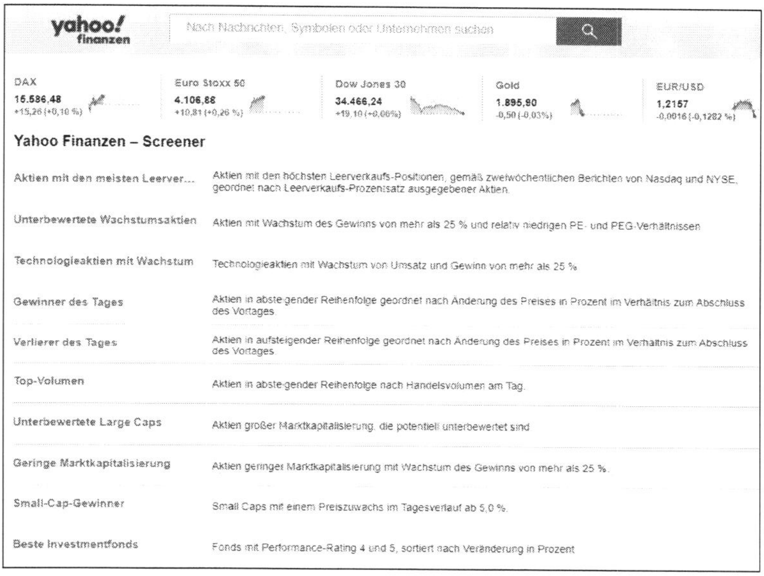

Abbildung 48: Voreingestellte Suchmöglichkeiten des Aktien-Screeners von Yahoo! Finanzen[60]

Eine Übersicht weiterer Aktien-Screener finden Sie auf S. 203. Diese unterscheiden sich in Ihrem Umfang bzw. ihrem Schwerpunkt (fundamental vs. charttechnisch) und sind teils kostenlos, teils gebührenpflichtig. Premium-Dienste grenzen sich häufig durch Echtzeitkurse oder E-Mail-Benachrichtigungen gegenüber ihren kostenlosen Konkurrenten ab. Probieren Sie verschiedene Anbieter aus und entscheiden Sie selbst welcher am besten zu Ihren Bedürfnissen passt.

Grenzen von Aktien-Screenern

Gänzlich aus der Pflicht nehmen Sie die hilfreichen Suchmaschinen leider nicht: Zwar vereinfachen Aktien-Screener die faktenbasierte Wertpapier-Suche und können Ihnen helfen Ihre

[60] Quelle: Screenshot https://de.finance.yahoo.com/screener/, Zugriff: Juni 2021.

Kandidaten auf eine überschaubare Auswahl einzugrenzen, jedoch lassen sie Themen wie aktuelle Unternehmensnachrichten, Gerüchte oder politische Entscheidungen außer Acht. An einer eigenen Recherche kommen Sie also nicht (ganz) vorbei.

Merke!

Aktien-Screener ermöglichen es Ihnen unzählige Aktien nach den verschiedensten Merkmalen zu filtern und diejenigen zu identifizieren, die Ihren Kriterien entsprechen. Viele dieser Suchmaschinen bieten sowohl fundamentale als auch charttechnische Filter. Aktien-Screener eignen sich daher sowohl für langfristige Investoren als auch für kurzfristige Trader.

Kapitel 8

ETF-Spezial

Exchange-Traded-Fonds (ETFs) sind börsengehandelte Fonds. Wie der Name schon sagt, können Sie, genau wie Aktien und andere Wertpapiere, über die Börse ge- bzw. verkauft werden. Der Großteil der sich im Umlauf befindlichen ETFs sind passive Indexfonds, die das Ziel verfolgen einen Index, wie z.B. den DAX oder den MSCI World, möglichst genau nachzubilden. Durch ihren passiven Charakter sind ETFs allgemein deutlich kostengünstiger als klassische Fonds. Sie erlauben eine einfache, breite Diversifizierung und eignen sich somit zum Aufbau eines Portfolios mit ausgewogenem Chance-Risiko-Verhältnis. Dies macht ETFs insbesondere für Privatanleger und Börsenneulinge interessant. Neben Einmalinvestitionen stellen sie, in Verbindung mit einem Sparplan, eine interessante Alternative für Anleger dar, die regelmäßig einen Teil ihres Einkommens investieren möchten.

Worauf Sie bei der ETF-Auswahl achten sollten und wie Sie ein ETF-Portfolio aufbauen können, das zu Ihren Bedürfnissen passt, lernen Sie in diesem Kapitel.

Welche Arten von ETFs gibt es?

Wie mit klassischen Fonds, können Sie auch mit ETFs in verschiedene Vermögenswerte und Anlageklassen gleichzeitig investieren. Allein in Deutschland gibt es derzeit tausende verschiedene handelbare ETFs, die sich nach ihrem Schwerpunkt unterscheiden. Sie fokussieren sich z.B. auf bestimmte Anlageklassen, Regionen oder Länder, Branchen, Themen, Unternehmensgrößen oder Anlagestrategien.

Tabelle 11: Schwerpunkte von ETFs

Schwerpunkt nach...	Beispiel
Anlageklasse	Aktien, Anleihen, Immobilien, Rohstoffe, ...
Region	Welt, Industrieländer, Schwellenländer, Europa, ...
Land	USA, Deutschland, China, Japan, ...
Branche	Automobil, Energiewirtschaft, Technologie, ...
Thema	Nachhaltigkeit, Klimawandel, Islam-Konform, ...
Unternehmensgröße	Small Caps, Mid Caps, Large Caps
Anlagestrategie	Value, Growth, Dividenden, Index, Short, Leveraged...

Da der Schwerpunkt dieses Buches die Geldanlage in Aktien ist, bezieht sich dieses Kapitel in erster Linie auf Aktien-ETFs. Je nach Ihrer persönlichen Situation könnte eine Investition ETFs, die sich auf andere Anlageklassen spezialisieren für Sie jedoch sinnvoll sein. Halten Sie hierzu ggf. Rücksprache mit Ihrem Anlageberater.

Wie wähle ich einen geeigneten ETF aus?

Um sich im ETF-Dschungel zurechtzufinden, gibt es einige wichtige Merkmale von ETFs, die Sie kennen sollten. Ergänzend stehen Anlegern einige Internetportale zur Verfügung, die sich auf ETFs spezialisiert haben. Diese bieten weiterführende Informationen zur ETF-Anlage im Allgemeinen, stechen jedoch insbesondere durch Ihre nützliche Suchfunktion hervor. Zwei dieser Anbieter sind justETF und extraETF.[61] Über die kostenlose

[61] https://www.justetf.com/de/find-etf.html bzw. https://de.extraetf.com/etf-search

Suchmaske können Sie nach den bereits vorgestellten Schwerpunkten und weiteren Kriterien filtern und mit wenigen Klicks geeignete ETFs identifizieren.

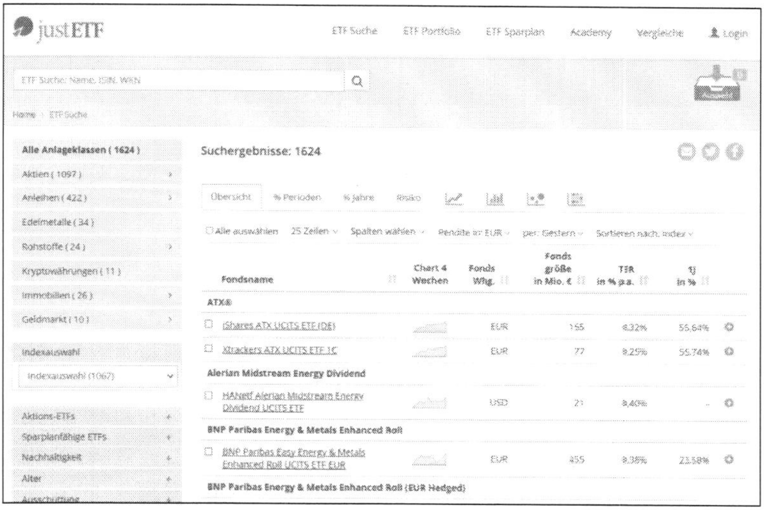

Abbildung 49: Beispiel-ETF-Suche auf dem Portal justETF[62]

Für denselben Index werden häufig gleich mehrere ETFs von verschiedenen Fondsgesellschaften angeboten, die sich in einigen Details unterscheiden. Wo diese Unterschiede liegen und worauf Sie bei der Auswahl eines ETFs achten sollten, besprechen wir auf den folgenden Seiten.

Das Factsheet: Die wichtigsten Merkmale eines ETFs

Für jeden in Deutschland handelbaren ETF existiert es ein sog. *Factsheet*. Das Factsheet ist ein Datenblatt, auf dem die wichtigsten Merkmale des ETFs zusammengefasst werden. Sie finden das Factsheet auf Websites wie justETF und extraETF (durch Klick

---

[62] Quelle: Screenshot https://www.justetf.com/de/find-etf.html, Zugriff: Juni 2021.

auf eines der Suchergebnisse) oder direkt auf der Website der herausgebenden Fondsgesellschaft.

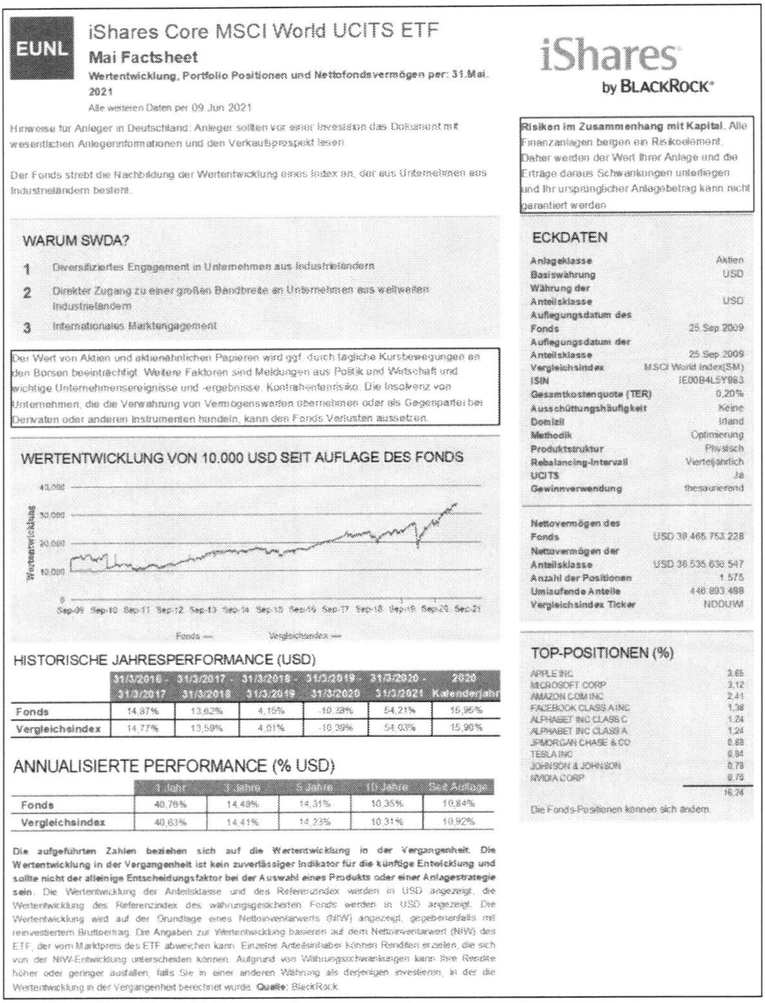

EUNL

iShares Core MSCI World UCITS ETF

Mai Factsheet

Wertentwicklung, Portfolio Positionen und Nettofondsvermögen per: 31.Mai. 2021

Alle weiteren Daten per 09 Jun 2021

Hinweise für Anleger in Deutschland: Anleger sollten vor einer Investition das Dokument mit wesentlichen Anlegerinformationen und den Verkaufsprospekt lesen

Der Fonds strebt die Nachbildung der Wertentwicklung eines Index an, der aus Unternehmen aus Industrieländern besteht.

iShares by BlackRock

Risiken im Zusammenhang mit Kapital. Alle Finanzanlagen bergen ein Risikoelement. Daher werden der Wert Ihrer Anlage und die Erträge daraus Schwankungen unterliegen und Ihr ursprünglicher Anlagebetrag kann nicht garantiert werden

WARUM SWDA?

1. Diversifiziertes Engagement in Unternehmen aus Industrieländern
2. Direkter Zugang zu einer großen Bandbreite an Unternehmen aus weltweiten Industrieländern
3. Internationales Marktengagement

Der Wert von Aktien und aktienähnlichen Papieren wird ggf. durch tägliche Kursbewegungen an den Börsen beeinträchtigt. Weitere Faktoren sind Meldungen aus Politik und Wirtschaft und wichtige Unternehmensereignisse und -ergebnisse. Kontrahentenrisiko: Die Insolvenz von Unternehmen, die die Verwahrung von Vermögenswerten übernehmen oder als Gegenpartei bei Derivaten oder anderen Instrumenten handeln, kann den Fonds Verlusten aussetzen.

ECKDATEN

Anlageklasse	Aktien
Basiswährung	USD
Währung der Anteilsklasse	USD
Auflegungsdatum des Fonds	25. Sep. 2009
Auflegungsdatum der Anteilsklasse	25. Sep. 2009
Vergleichsindex	MSCI World index(SM)
ISIN	IE00B4L5Y983
Gesamtkostenquote (TER)	0,20%
Ausschüttungshäufigkeit	Keine
Domizil	Irland
Methodik	Optimierung
Produktstruktur	Physisch
Rebalancing-Intervall	Vierteljährlich
UCITS	Ja
Gewinnverwendung	thesaurierend

Nettovermögen des Fonds	USD 38.465.753.228
Nettovermögen der Anteilsklasse	USD 36.535.636.547
Anzahl der Positionen	1.575
Umlaufende Anteile	446.893.498
Vergleichsindex Ticker	NDDUWI

WERTENTWICKLUNG VON 10.000 USD SEIT AUFLAGE DES FONDS

TOP-POSITIONEN (%)

APPLE INC	3,65
MICROSOFT CORP	3,12
AMAZON COM INC	2,41
FACEBOOK CLASS A INC	1,38
ALPHABET INC CLASS C	1,24
ALPHABET INC CLASS A	1,24
JPMORGAN CHASE & CO	0,88
TESLA INC	0,84
JOHNSON & JOHNSON	0,78
NVIDIA CORP	0,78
	16,24

Die Fonds-Positionen können sich ändern.

HISTORISCHE JAHRESPERFORMANCE (USD)

	31/3/2016 - 31/3/2017	31/3/2017 - 31/3/2018	31/3/2018 - 31/3/2019	31/3/2019 - 31/3/2020	31/3/2020 - 31/3/2021	2020 Kalenderjahr
Fonds	14,87%	13,62%	4,15%	-10,38%	54,21%	15,96%
Vergleichsindex	14,77%	13,59%	4,01%	-10,39%	54,03%	15,90%

ANNUALISIERTE PERFORMANCE (% USD)

	1 Jahr	3 Jahre	5 Jahre	10 Jahre	Seit Auflage
Fonds	40,76%	14,48%	14,31%	10,35%	10,84%
Vergleichsindex	40,63%	14,41%	14,23%	10,31%	10,92%

Die aufgeführten Zahlen beziehen sich auf die Wertentwicklung in der Vergangenheit. Die Wertentwicklung in der Vergangenheit ist kein zuverlässiger Indikator für die künftige Entwicklung und sollte nicht der alleinige Entscheidungsfaktor bei der Auswahl eines Produkts oder einer Anlagestrategie sein. Die Wertentwicklung der Anteilsklasse und des Referenzindex werden in USD angezeigt, die Wertentwicklung des Referenzindex des währungsgesicherten Fonds werden in USD angezeigt. Die Wertentwicklung wird auf der Grundlage eines Nettoinventarwerts (NIW) angezeigt, gegebenenfalls mit reinvestiertem Bruttoertrag. Die Angaben zur Wertentwicklung basieren auf dem Nettoinventarwert (NIW) des ETF, der vom Marktpreis des ETF abweichen kann. Einzelne Anteilsinhaber können Renditen erzielen, die sich von der NIW-Entwicklung unterscheiden können. Aufgrund von Währungsschwankungen kann Ihre Rendite höher oder geringer ausfallen, falls Sie in einer anderen Währung als derjenigen investieren, in der die Wertentwicklung in der Vergangenheit berechnet wurde. **Quelle:** BlackRock.

Abbildung 50: Screenshot der ersten Seite des Factsheets des iShares Core MSCI World UCITS ETF[63]

[63] Quelle: Screenshot iShares.com, iShares Core MSCI World UCITS ETF, Juni Factsheet. Zugriff: Juni 2021.

Vergleichsindex

Der Großteil aller in Deutschland handelbaren ETFs legen ihr Kapital in Aktien an. Sie beziehen sich auf einen *Vergleichsindex*, wie z.B. den DAX, S&P 500, Nasdaq, Dow Jones oder MSCI World. Der ETF versucht die Wertentwicklung dieses Indizes möglichst genau nachzubilden.

Fondsgröße

Die *Fondsgröße* bzw. das *Fondsvolumen* eines ETFs ist vergleichbar mit der Marktkapitalisierung einer Aktie. Sie gibt an wie viel Kapital zurzeit im ETF investiert ist. Zur groben Einordnung können die folgenden Kategorisierungen herangezogen werden.

- klein: 0 Mio. € ≤ 100 Mio. €
- mittel: 100 Mio. € ≤ 500 Mio. €
- groß: > 500 Mio. €

Je größer ein ETF, desto besser, denn mit steigender Größe lässt sich ein ETF für die Fondsgesellschaft wirtschaftlicher betreiben. Der ETF hat dann typischerweise eine niedrigere Gesamtkostenquote und ist gleichzeitig liquider. Ist das Fondsvolumen hingegen sehr gering, steigt die Wahrscheinlichkeit, dass der ETF geschlossen wird.

Tipp!

Setzen Sie auf ETFs mit einer Fondsgröße von mindestens 100 Mio. €.

Fondsalter

Ähnlich wie die Fondsgröße ist das *Fondsalter* ein Indiz dafür, ob ein ETF wirtschaftlich arbeitet. Ein höheres Fondsalter spricht dafür, dass sich ein ETF über einen längeren Zeitraum am Markt durchgesetzt hat und, dass die Nachfrage entsprechend hoch ist. Dann sinkt die Wahrscheinlichkeit, dass der ETF geschlossen wird. Häufig korreliert das Fondsalter mit der Fondsgröße und somit auch der Liquidität des ETFs.

Tipp!

Je älter, desto besser. Der ETF sollte mindestens ein Jahr alt sein, um ihn mit Konkurrenzprodukten vergleichen zu können. Bei ansonsten gleichen Merkmalen sollten Sie zwischen zwei ETFs den älteren bevorzugen.

Fondsgesellschaft

Mit der steigenden Beliebtheit von ETFs in den vergangenen Jahren hat sich auch die Anzahl der Fondsanbieter vergrößert. Der zunehmende Konkurrenzkampf ist für Anleger jedoch positiv, denn er führt zu sinkenden Kosten und einer wachsenden Angebotsvielfalt. *Fondsgesellschaften* wie iShares, Lyxor, Xtrackers, Amundi und UBS gehören zu den größten in Deutschland (Stand: Juni 2021). Darunter gibt es per se keine „guten“ oder „schlechten“ Anbieter. Allgemein ist jedes Fondsvermögen rechtlich als Sondervermögen im Insolvenzfall der Fondsgesellschaft geschützt. Sollte ein Anbieter zahlungsunfähig werden, geht das Fondsvermögen nicht in die Konkursmasse ein und ist vor dem Zugriff durch Gläubiger geschützt. Ihr Geld ist also bei jedem Anbieter gleichermaßen abgesichert und folglich ist die

Fondsgesellschaft bei der ETF-Auswahl nicht das wichtigste Kriterium. Dennoch schadet es nicht sein ETF-Portfolio, auch mit Hinblick auf den Fondsanbieter, zu diversifizieren.

Fondsdomizil

Die meisten in Deutschland handelbaren ETFs sind in Luxemburg oder Irland aufgelegt. Das liegt in erster Linie an den dort herrschenden steuerrechtlich günstigen Voraussetzungen für Fondsgesellschaften. Doch welche Rolle spielt das Fondsdomizil bei der ETF-Auswahl? Auch wenn man es vermuten könnte, hat das Land, in dem der ETF aufgelegt ist, nichts mit den durch den ETF abgebildeten Wertpapieren zu tun. Sie können also sehr wohl in ETFs mit dem Schwerpunkt US-Unternehmen investieren, wenn der ETF aus Luxemburg stammt.

Wichtiger als das Fondsdomizil ist hingegen der Zusatz „UCITS" im Namen des ETFs. Die UCITS-Richtlinie ist eine europäische Richtlinie, die gewisse Mindestanforderungen hinsichtlich Liquidität, Transparenz und Sicherheit zum Schutz der Anleger vorgibt. ETFs aus nicht-EU-Ländern und solche, die die UCITS-Richtlinie nicht erfüllen, sind in Deutschland i.d.R. nicht handelbar.

WKN & ISIN

WKN bzw. ISIN spielen bei der ETF-Auswahl keine Rolle. Vielmehr werden sie zur eindeutigen Identifizierung eines Wertpapiers genutzt. Was die beiden Kennzeichnungen bedeuten und worin Sie sich unterscheiden erfahren Sie auf S. 189.

Währung

Durch die Investition in einen ETF ist es hochwahrscheinlich, dass Sie in Unternehmen aus anderen Ländern investieren, die ihre Geschäfte in Fremdwährungen (z.B. USD) abwickeln. Wechselkurse (z.B. USD/EUR) schwanken im Verlauf der Zeit und stellen somit ein Währungsrisiko bzw. eine -chance dar. Die beste Wertentwicklung nützt Ihnen wenig, wenn sie von schwankenden Wechselkursen geschmälert wird. Die mit ETFs verbundenen Währungen können schnell für Verwirrung sorgen. Dies soll im Folgenden aufgeklärt werden.

Fondswährung

Die *Fondswährung* bezieht sich auf die Währung, in der ein ETF notiert und Bericht erstattet. Dies ist in den meisten Fällen die Währung, in der der Großteil, der vom ETF abgebildeten Wertpapiere notiert. Etwaige Ausschüttungen werden von der Fondswährung vor Auszahlung in die Währung des Investors umgerechnet.

Handelswährung

Die *Handelswährung* gibt an in welcher Währung ein ETF gehandelt wird. Die im ETF enthaltenen Wertpapiere können z.B. aus Asien stammen und dennoch wird der ETF an der Frankfurter Börse in EUR gehandelt. Einige ETFs sind in verschiedenen Währungen handelbar. Um etwaige Gebühren für die Währungsumrechnung beim Kauf bzw. Verkauf zu vermeiden, sollten Sie, wenn möglich, einen ETF in der eigenen Währung bevorzugen.

Währung der Wertpapiere in einem Index

Weder Fonds- noch Handelswährung haben einen signifikanten Einfluss auf Ihr Währungsrisiko. Das Währungsrisiko entsteht zum Großteil durch die Währung der Wertpapiere, in die ein ETF investiert. Investieren Sie beispielsweise in einen ETF, der ausschließlich US-Aktien abbildet und ihre Heimatwährung lautet auf Euro, geht Ihr Risiko von einem sich zu Ihren Ungunsten verschiebenden Verhältnis des US-Dollar zum Euro aus.

Durch eine breite, weltweite Diversifizierung und langfristige Investitionen können Währungsrisiken (und -chancen) ausgeglichen werden. Global agierende Unternehmen verkaufen Ihre Produkte und Dienstleistungen auf der ganzen Welt und in den verschiedensten Währungen. Darüber hinaus ergreifen sie meist aktive Maßnahmen zur *Währungsabsicherung* (engl. *Hedging*). Dies hat zur Folge, dass die Renditen von Aktien und Aktien-ETFs langfristig kaum anfällig für die Auswirkungen von Währungsschwankungen sind.

Bei Anleihen bzw. Anleihen-ETFs kann sich das Währungsrisiko jedoch auch langfristig bemerkbar machen. Hier empfehlen sich währungsgesicherte ETFs (erkennbar am Zusatz „Hedged" im Fondsnamen), die sich gegen die potenziell negativen und positiven Auswirkungen von Wechselkursschwankungen auf die ETF-Rendite absichern. Diese „Versicherung“ führt in aller Regel zu einer erhöhten Gesamtkostenquote. Sollten Sie ausschließlich und langfristig in Aktien-ETFs investieren wollen, ist *Hedging* aus meiner Sicht nicht notwendig.

Merke!

Von Fonds- und Handelswährung eines ETFs geht ein zu vernachlässigendes Risiko aus. Sie sind bei der ETF-Auswahl sekundär. Das eigentliche Währungsrisiko entsteht durch die Währungen, in denen die in einem ETF enthaltenen Wertpapiere notieren. Durch eine breite, weltweite Diversifizierung und langfristige Investitionen in Aktien-ETFs kann dieses Risiko gemindert werden. Für ETFs, die in andere Anlageklassen, wie beispielsweise Anleihen, investieren können währungsgesicherte ETFs eine sinnvolle Option sein.

Gesamtkostenquote (TER)

Die *Gesamtkostenquote* (engl. *Total Expense Ratio*, *TER*) eines ETFs gibt die jährlich anfallenden laufenden Kosten eines ETFs in Prozent an. Die TER sollte möglichst niedrig sein, da regelmäßig entstehende Kosten wie ein negativer Zinseszinseffekt wirken. Neben der TER können weitere Kosten anfallen, wie etwa Transaktionsgebühren Ihres Brokers. Ein Vergleich mehrerer ETFs und Broker lohnt sich also.

Replikationsmethode

Die *Replikationsmethode* gibt Aufschluss darüber, auf welche Art und Weise ein ETF versucht den Vergleichsindex nachzubilden. Es wird zwischen vollständiger physischer, optimierter physischer und synthetischer Replikation unterschieden.

Vollständige physische Replikation

Der ETF investiert vollständig in alle im Index enthaltenen Wertpapiere in der entsprechenden Gewichtung. *Vollständige physische Replikation* wird häufig für liquide Titel und Indizes mit einer geringen Anzahl an Wertpapieren genutzt (z.B. alle Titel im DAX). Dadurch, dass alle Werte direkt und in der vorhergesehenen Gewichtung gekauft werden, ist diese Replikationsmethode mit den höchsten Kosten verbunden. Somit sind die TERs solcher ETFs typischerweise etwas höher als die der folgenden beiden Methoden.

Optimierte physische Replikation

Der ETF investiert nur in einen repräsentativen Teil der im Index enthaltenen Wertpapiere, der erforderlich ist, um eine Wertentwicklung zu erzielen, die der des Indizes möglichst nahe kommt. *Optimierte physische Replikation* wird auch als *physisches Sampling* bezeichnet. Sie wird i.d.R. für Indizes genutzt, die etwas weniger liquide Wertpapiere oder eine sehr große Anzahl an Titeln enthalten (z.B. der MSCI World mit rund 1.600 Unternehmensaktien).

Synthetische Replikation

Synthetisch replizierende ETFs investieren überhaupt nicht in die Wertpapiere des zugrundeliegenden Indizes. Stattdessen werden andere Wertpapiere gekauft, die die Wertentwicklung des Indizes über Tauschgeschäfte (*Swaps*) mit einem Finanzinstitut abbilden sollen. Diese Methode wird auch als *Swap-basierte Replikation* bezeichnet. Sie wird meist für weniger liquide, exotische Indizes (z.B. Rohstoff- oder Short-ETFs) genutzt oder, um eine möglichst günstige TER zu erzielen. Aufgrund mangelnder Transparenz und zunehmender Komplexität solcher Produkte, stehen synthetische ETFs in der Kritik.

Tipp!

Setzen Sie auf physische Replikation bzw. optimierte physische Replikation. Synthetische ETFs sind häufig zwar etwas günstiger, jedoch teils komplex und intransparent aufgebaut. Durch das Dazwischenschalten eines weiteren Finanzinstituts zur Ausführung der Swap-Geschäfte bergen sie ein erhöhtes Risiko gegenüber den anderen beiden Methoden.

Ausschüttungspolitik (Ertragsverwendung)

Ausschüttende ETFs

Ausschüttende ETFs zahlen Erträge (Dividenden bei Aktien bzw. Zinserträge bei Anleihen) an Sie aus. Diese Art von ETF ist ideal für Anleger, die regelmäßige Einnahmen aus Ihren Investitionen erhalten möchten. Ausschüttende ETFs bieten Ihnen also die Freiheit die Ausschüttungen anderweitig zu nutzen oder auch wieder anzulegen.

Thesaurierende ETFs

Thesaurierende ETFs legen Dividenden (bzw. Zinserträge bei Anleihen) ohne Ihr Zutun direkt wieder in denselben ETF an. Diese Art von ETF ist ideal für Anleger, die langfristig sparen wollen und (zurzeit) keine regelmäßigen Auszahlungen benötigen. Die automatische Wiederanlage zwingt Sie einerseits zur Selbstdisziplin, nimmt Ihnen andererseits jedoch Flexibilität. Ein späteres Umschichten von thesaurierenden in ausschüttende ETFs ist zwar möglich, könnte allerdings mit Abgaben wie Transaktionsgebühren und Steuern verbunden sein. Überlegen Sie daher gut, welche Ertragsverwendung die bessere Wahl für Sie ist.

Ausschüttungshäufigkeit

Die *Ausschüttungshäufigkeit* ist nur für ausschüttende ETFs relevant. Ausschüttungen können unterschiedlich oft und zu verschiedenen Zeitpunkten stattfinden, wie z.B. jährlich, vierteljährlich oder auch monatlich. In Abhängigkeit von Ihren Anlagezielen ist dieses Merkmal von mehr oder weniger großer Bedeutung für Sie.

Tracking-Genauigkeit

Die meisten ETFs versuchen einen Index nachzubilden und somit die gleichen Renditen wie dieser Index zu erzielen. Die *Tracking-Differenz* ist die Differenz zwischen ETF- und Index-Wertentwicklung. In der Praxis fällt die Wertentwicklung eines ETFs häufig leicht hinter dem zugrundeliegenden Index zurück. Es kann jedoch auch vorkommen, dass ein ETF sogar besser performt als der Index. Eine perfekte Nachbildung eines Indizes wird durch verschiedene Faktoren, wie z.B. Transaktionskosten oder steuerliche Aspekte, verhindert. Eine Abweichung ist also kein Beinbruch und ganz normal. Vergleichen Sie konkurrierende ETFs verschiedener Anbieter und achten Sie für Ihre Auswahl auf eine möglichst geringe Tracking-Differenz.

Sparplanfähigkeit

Über das Thema Sparpläne haben wir bereits im Kapitel *Anlagestrategien* gesprochen. Für den langfristigen Vermögensaufbau sind ETFs in Kombination mit Sparplänen ein beliebtes Werkzeug. Wollen Sie einen oder mehrere ETFs regelmäßig besparen, achten Sie darauf, dass dieser sparplanfähig ist. Dies Sparplanfähigkeit hängt vom Broker ab. Filtern Sie also in der ETF-Suche danach, ob Ihr ETF bei Ihrem Broker sparplanfähig ist und, ob für diesen womöglich sogar Sonderkonditionen vorliegen. Solche Aktions-ETFs werden in Kombination mit einem Sparplan häufig ohne Transaktionsgebühren angeboten. Vergleichen lohnt sich.

Anlageideen mit ETFs

Heutzutage ist es möglich mit nur einem einzigen ETF in ein breit diversifiziertes Portfolio zu investieren. Andersherum bedeutet das jedoch nicht, dass sich jeder beliebige ETF dazu eignet. Im Folgenden möchte ich Ihnen daher einige einfach nachzubildende Musterdepots für die Langfristanlage vorstellen. Unabhängig von Ihren persönlichen Anlagezielen können die nachstehenden ETF-Portfolios als Grundlage für den langfristigen Vermögensaufbau, z.B. mittels Sparplans, genutzt werden. Jedes dieser Depots enthält eine breit gestreute Mischung aus Unternehmen der ganzen Welt.

Einfaches Welt-Depot

Der *MSCI World Index* umfasst Unternehmen mit mittlerer und großer Marktkapitalisierung aus 23 Industrieländern weltweit. Mit 1.562 enthaltenen Aktien deckt der Index etwa 85% der Marktkapitalisierung in jedem dieser Länder ab. Über 65% der gewichteten Anteile machen Aktien aus den USA aus, gefolgt von Japan, dem Vereinten Königreich und der EU. Ergänzend bildet der *MSCI Emerging Markets Index* große und mittelgroße Unternehmen aus 27 Schwellenländern ab. Mit 1.424 enthaltenen Titeln deckt er ebenfalls etwa 85 % der Marktkapitalisierung in jedem dieser Länder ab. Am stärksten vertreten sind hier China mit etwa 38% der gewichteten Anteile, gefolgt von Taiwan (14%), Südkorea (13%) und Indien (10%).[64]

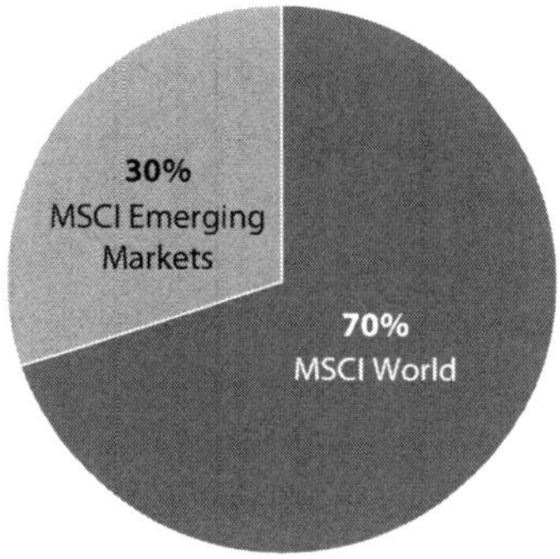

Abbildung 51: Einfaches ETF-Musterdepot mit weltweiter Aktienanlage

Durch eine Investition in diese beiden ETFs erreichen Sie mit minimalem Aufwand eine maximale Streuung. Die Gewichtung kann je nach Bedürfnis angepasst werden. Hier wurde ein Verhältnis von 70:30 gewählt, da Aktien von Unternehmen aus Schwellenländern i.d.R. volatiler sind als solche von Unternehmen aus Industrieländern. Ein Grund dafür ist beispielsweise eine häufig geringere politische Stabilität. Warum sich eine Investition in Schwellenländer trotzdem lohnen kann? Seit 1990 verzeichnen sie im Durchschnitt fast durchgehend ein deutlich höheres Wirtschaftswachstum als Industriestaaten[65]. Sie erinnern sich: Höheres Risiko gleich höhere Renditechance. Alternativ zu den „Welt"-Indizes von MSCI existieren konkurrierende Indizes anderer Dienstleister wie z.B. der *FTSE Developed World* und der *FTSE Emerging Markets*.

---

[64] Quelle: MSCI (Stand: Juni 2021)

[65] Wirtschaftswachstum gemessen am BIP. Quelle: ResearchGate (2016), EU commodity market development.

Noch einfacheres Welt-Depot

Wenn Ihnen zwei ETFs noch zu kompliziert sind, können Sie schon mit einem einzigen ETF in Unternehmen aus aller Welt investieren. Der *MSCI All Country World Index* (kurz: *MSCI ACWI*) ist eine Kombination aus den bereits vorgestellten Indizes MSCI World und MSCI Emerging Markets mit einer Gewichtung von derzeit 87:13.[66] Wen die vorgegebene Gewichtung von Schwellenländern zu Industriestaaten nicht stört, kann mit diesem ETF in 2.986 Unternehmen weltweit investieren. Alternativ gibt es auch hier einen konkurrierenden Index von FTSE, den *FTSE All-World*.

Abbildung 52: Einfaches ETF-Musterdepot zur weltweiten Anlage mit nur einem einzigen ETF

Welt-plus-x-Depot

Die Welt ist Ihnen nicht genug? In diesem Fall könnten Sie Ihr ETF-Portfolio basierend auf dem Welt-Depot aufbauen und einen oder mehrere ETFs beimischen. Wie bereits erwähnt sind im MSCI World US-Aktien übergewichtet. Zwar sind die mächtigsten Unternehmen der Welt zu einem Großteil in den USA

[66] Quelle: MSCI (Stand: Juni 2021)

ansässig, dennoch kann es sinnvoll sein weitere ETFs ins Portfolio zu übernehmen, um gewisse Schwerpunkte zu setzen oder eine noch breitere Streuung zu erreichen.

Möchten Sie beispielsweise europäische Aktien stärker gewichten, kann ein ETF auf den Index *STOXX Europe 600* eine geeignete Wahl sein. Er umfasst Aktien der 600 größten Unternehmen aus 17 europäischen Ländern. Wollen Sie hingegen eine stärkere Vertretung deutscher Werte in Ihrem Depot, bietet sich ein ETF auf den *DAX*, also die 30 größten Unternehmen Deutschlands, an. Neben der Schwerpunksetzung auf bestimmte Regionen bzw. Länder kann auch eine Beimischung anderer Anlageklassen, Branchen, Themen, Unternehmensgrößen oder Anlagestrategien sinnvoll sein (vgl. Tabelle 11 auf S. 164). Einige weitere bekannte Indizes zur Depotbeimischung stelle ich Ihnen kurz und knapp auf S. 183 vor.

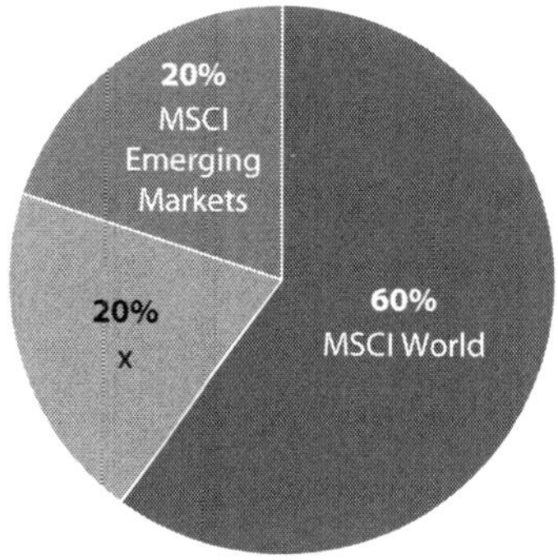

Abbildung 53: Einfaches ETF-Musterdepot mit weltweiter Aktienanlage und zusätzlichem Schwerpunkt zur Depotbeimischung

Dividenden-Depot

Für Investoren, die regelmäßige Einnahmen erwarten, bietet sich ein Portfolio aus Dividenden-ETFs an. Der Index *FTSE All-World*

High Dividend Yield beinhaltet über 1.500 Aktien aus Industrieländern und verspricht eine Dividendenrendite von aktuell 3,2%.[67] Aufgrund seiner breiten Streuung eignet er sich als risikooptimiertes Basisinvestment (z.B. 70%) für das Dividenden-Depot. Durch eine Beimischung des *S&P Emerging Markets Dividend Aristocrats* erhalten Sie Zugang zu 45 Dividenden-Aktien großer und mittelgroßer Unternehmen aus Schwellenländern. Diese „Aristocrats“ haben seit mindestens fünf aufeinanderfolgenden Jahren ihre Dividende beibehalten oder erhöht. Die aktuelle Dividendenrendite des ETFs liegt bei knapp 4,7%.[68]

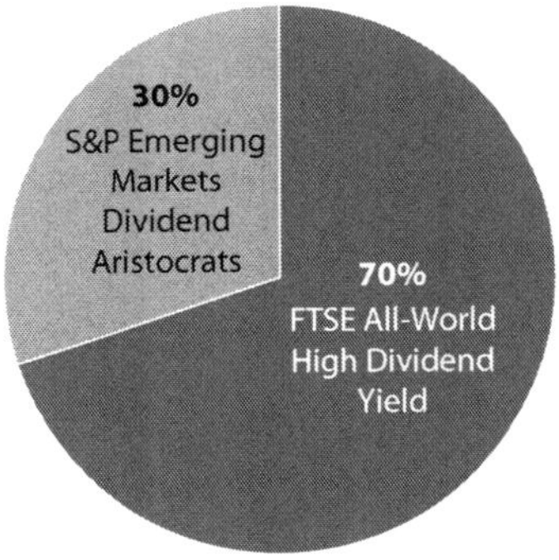

Abbildung 54: Einfaches Dividenden-ETF-Musterdepot

Auf dem Markt sind weitere Dividenden-ETFs erhältlich, wie z.B. auf den *EURO STOXX Select Dividend 30* oder den *STOXX Global Select Dividend 100*. Ein Vergleich kann sich lohnen. Achten Sie dabei darauf, dass der ETF, den Sie auswählen ausschüttend ist, es sei denn Sie wollen die Dividenden direkt wieder anlegen. Überprüfen Sie auch die Ausschüttungshäufigkeit des ETFs.

[67] Quelle: FTSE Russell (Stand: Juni 2021)
[68] Quelle: S&P Dow Jones Indices (Stand: Juni 2021)

Mein persönliches Sparplan-Depot

Für mein persönliches Portfolio setze ich auf eine Kombination aus Stock Picking, also gezielten Einzelinvestments in ausgewählte Aktien anhand fundamentaler und charttechnischer Daten, und einem monatlichen Buy and hold-ETF-Sparplan. Mit meinem ETF-Sparplan setze ich zurzeit zur Hälfte auf die bereits vorgestellten Indizes MSCI World (30%) und MSCI Emerging Markets (20%). Weitere 20% investiere ich den *Nasdaq-100*. Er umfasst die 100 größten, der an der Börse NASDAQ, gelisteten Unternehmen. Vornehmlich sind dies Technologie-Aktien, die in der Zeit nach der Weltfinanzkrise der späten 2000er-Jahre starke Wertsteigerungen verzeichnen konnten. Dies macht den Nasdaq-100, laut eigener Aussage, zu einem der bedeutendsten Large-Cap-Wachstumsindizes der Welt.[69]

Zwar sind, während ich dieses Buch schreibe, Technologieaktien im Durchschnitt fundamental sehr hoch bewertet, jedoch ist der übergeordnete Aufwärtstrend des Nasdaq-100 zurzeit zumindest noch intakt. Dieser ETF ist also eine etwas risikoreichere Beimischung in meinem Depot. Die verbleibenden 30% investiere ich in den *MSCI World Small Cap*. Dieser beinhaltet 4.472 Aktien mit kleinerer Marktkapitalisierung aus 23 verschiedenen Industriestaaten.[70] Da ich ein Verfechter des Small-Cap-Effekts (vgl. S. 120) und von dessen langfristiger positiver Auswirkung überzeugt bin, übergewichte ich diesen ETF in meinem Portfolio.

[69] Quelle: NASDAQ (Stand: Juni 2021)
[70] Quelle: MSCI (Stand: Juni 2021)

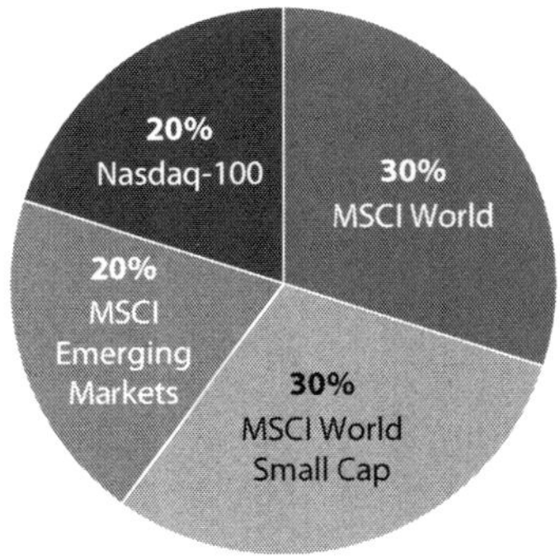

Abbildung 55: Mein persönlicher monatlicher ETF-Sparplan

Wie Sie vielleicht festgestellt haben, investieren die ETFs in den vorgestellten Portfolios und auch in meinem persönlichen Sparplan-Depot ausschließlich in Aktien. Auf Investitionen in andere Anlageklassen wie z.B. Anleihen verzichte ich zurzeit bewusst und nehme das erhöhte Risiko aufgrund meines sehr langfristigen Anlagehorizonts und der höheren Renditeerwartungen in Kauf.

Die Renditen von Anleihen haben in den vergangenen Jahren im Durchschnitt deutlich schlechter abgeschnitten als die von Aktien. Dies liegt nicht zuletzt an den zurzeit sehr niedrigen Leitzinsen. Daher und weil mein Ruhestand noch deutlich über zehn Jahre in der Zukunft liegt, setzte ich derzeit überhaupt nicht auf Anleihen – weder direkt noch indirekt über ETFs. Je nach Ihrer individuellen Situation muss dies jedoch nicht automatisch auch für Sie die richtige Entscheidung sein. Falls Sie ein risikoaverser Anleger sind und weniger volatile Investments bevorzugen, könnte eine Depot-Beimischung von Anleihen dennoch eine gute Wahl für Sie sein. Sollten die Leitzinsen mittel- bis langfristig wieder steigen, könnte es sich ebenfalls lohnen wieder vermehrt auf Anleihen zu setzen.

Weitere Indizes für Ihr ETF-Depot

Im Folgenden finden Sie eine Übersicht bekannter Aktienindizes, die Sie zur Gestaltung Ihres ETF-Depots nutzen können:[71]

- **DAX:** Das wichtigste Aktienbarometer Deutschlands umfasst die 30 größten deutschen Unternehmen. Ab Herbst 2021 soll der DAX auf 40 Mitglieder vergrößert werden.
- **Dow Jones Industrial Average:** Der bekannteste Index der USA umfasst die 30 bedeutendsten börsennotierten Unternehmen des Landes.
- **EURO STOXX 50:** Die 50 größten Unternehmen der Eurozone
- **EURO STOXX Select Dividend 30:** Aktien von 30 Unternehmen der Eurozone mit überdurchschnittlich hohen Dividendenrenditen
- **FTSE 100:** Das wichtigste Aktienbarometer Großbritanniens umfasst die 100 größten britischen Unternehmen.
- **FTSE All-World:** Über 4.000 Aktien großer und mittlerer Unternehmen aus Industrie- und Schwellenländern.
- **FTSE All-World High Dividend Yield:** 1.500 Aktien aus Industrieländern mit hohen Dividendenrenditen
- **FTSE Developed World:** Über 2.100 große und mittelgroße Unternehmen aus 25 Industriestaaten
- **FTSE Emerging Markets:** Über 1.800 große und mittelgroße Unternehmen aus 24 Schwellenländern

---

[71] Quellen: Deutsche Börse, Qontigo, FTSE Russell, Japan Exchange Group, MSCI, NASDAQ, S&P Dow Jones Indices (Alle Stand: Juni 2021).

- **JPX-Nikkei 400:** Aktien von 400 japanischen Unternehmen, ausgewählt hauptsächlich auf Basis von Eigenkapitalrendite und Betriebsergebnissen
- **MDAX:** Die 60 größten deutschen mittelständische Unternehmen (Mid Caps), nach Marktkapitalisierung folgend auf die 30 Werte des DAX
- **MSCI All Country World:** Kombination aus MSCI World (87%) und MSCI Emerging Markets (13%). Der Index deckt jeweils etwa 85% der Marktkapitalisierung der zugrundeliegenden Länder ab.
- **MSCI Emerging Markets:** 1.424 große und mittelgroße Unternehmen aus 27 Schwellenländern. Der Index deckt etwa 85% der Marktkapitalisierung der zugrundeliegenden Länder ab.
- **MSCI EMU:** 238 große und mittelgroße Unternehmen aus der Eurozone. Der Index deckt etwa 85% der Marktkapitalisierung der zugrundeliegenden Länder ab.
- **MSCI Europe:** 437 große und mittelgroße Unternehmen aus 15 europäischen Industrieländern. Der Index deckt etwa 85% der Marktkapitalisierung der zugrundeliegenden Länder ab.
- **MSCI Japan:** Über 300 große und mittelgroße japanische Unternehmen. Der Index deckt etwa 85% der Marktkapitalisierung Japans ab.
- **MSCI USA:** Über 600 große und mittelgroße Unternehmen der USA. Der Index deckt etwa 85% der Marktkapitalisierung der USA ab.
- **MSCI World:** 1.562 Unternehmen mit mittlerer und großer Marktkapitalisierung aus 23 Industrieländern

weltweit. Der Index deckt etwa 85% der Marktkapitalisierung der zugrundeliegenden Länder ab.

- **MSCI World Small Cap:** 4.472 Aktien kleinerer Unternehmen aus 23 verschiedenen Industriestaaten
- **MSCI World Value:** Fast 1.000 Aktien von großen und mittelgroßen Unternehmen aus 23 Industrieländern. Die Auswahl der Titel im Index erfolgt anhand der drei Kennzahlen KBV, KGV und Dividendenrendite.
- **Nasdaq-100:** 100 der größten nicht-Finanz-, Large-Cap-Wachstumsunternehmen, die an der Börse NASDAQ gelistet sind.
- **Russell 2000:** 2.000 kleinere Unternehmen der USA (Small bzw. Mid Caps)
- **S&P 500:** Das wichtigste Aktienbarometer der USA umfasst deren 500 größte Unternehmen.
- **S&P Emerging Markets Dividend Aristocrats:** 45 Aktien großer und mittelgroßer Unternehmen aus Schwellenländern, die mindestens fünf aufeinanderfolgende Jahre ihre Dividende beibehalten bzw. erhöht haben
- **SDAX:** 70 kleinere deutsche Unternehmen (Small Caps), gewichtet nach Marktkapitalisierung, folgend auf die 60 Werte des MDAX
- **STOXX Europe 600:** Aktien der 600 größten Unternehmen aus 17 europäischen Ländern
- **STOXX Global Select Dividend 100:** 100 Aktien mit hohen Dividendenrenditen aus Europa, Nordamerika und dem asiatisch-pazifischen Raum
- **TecDAX:** Die 30 größten Technologiewerte Deutschlands in Bezug auf Marktkapitalisierung und Börsenumsätze

Neben ETFs auf die vorgestellten Indizes, gibt es unzählige weitere, die sich auf verschiedenste Schwerpunkte, wie z.B. Digitalisierung, Technologie, Erneuerbare Energien, Medizintechnik oder auch auf Kryptowährungen spezialisieren. In wie viele ETFs Sie investieren bzw. wie viele Sie besparen und wie Sie diese in Ihrem Depot gewichten ist Ihnen überlassen. Wie auch immer Ihr Portfolio aussieht, achten Sie auf ausreichende Diversifizierung – mindestens international und in mehrere Branchen. Je risikoscheuer Sie sind, desto stärker sollten Sie Ihre Risiken streuen. Mehr als maximal fünf ausgewählte ETFs sind dazu jedoch nicht notwendig. Setzen Sie auf physisch vollständige Replikation oder physisches Sampling und lassen Sie die Finger von synthetischen ETFs. Achten Sie auf eine möglichst günstige Gesamtkostenquote und halten Sie Ausschau nach Aktions-ETF, die ohne Transaktionsgebühren bespart werden können.

Kapitel 9

Bevor Sie loslegen…

Bis hierhin haben Sie hoffentlich einiges gelernt und sind nun voller Tatendrang endlich loszulegen! Falls Sie noch keinen Broker haben und noch nie zuvor ein Wertpapier gekauft haben, hilft Ihnen dieses letzte Kapitel dabei, bevor Sie endlich Ihre erste Order anlegen. Keine Angst, die Eröffnung eines Depots ist nicht schwieriger als die eines Girokontos und das Anlegen einer Wertpapierorder nicht komplizierter als das Tätigen einer Überweisung.

Broker vergleichen und ein Depot eröffnen

Um Aktien, ETFs und andere Wertpapiere handeln zu können, müssen Sie zunächst ein Depot eröffnen. Dabei ist die Eröffnung an sich der einfachste Teil und meist mit nur wenigen Klicks erledigt. Zuvor müssen Sie sich entscheiden bei welchem Anbieter Sie Ihr Depot eröffnen wollen. In Deutschland ist die Auswahl groß und reicht von konventionellen Filialbanken über Direktbanken bis hin zu besonders günstigen Online-Brokern. Die zwei wichtigsten Entscheidungskriterien sind die Zusammensetzung der Kosten und auf welche Art und Weise Sie Wertpapiere handeln möchten – online, per Telefon oder in einer Filiale.

Filialbank, Direktbank oder Online-Broker?

Verzichten Sie gerne auf persönlichen Kundenservice, dann genügt Ihnen wahrscheinlich ein besonders kostengünstiges

Online-Depot. Legen Sie hingegen viel Wert auf eine individuelle Anlageberatung vor Ort, ist ein Depot bei Ihrer Filialbank möglicherweise die bessere Entscheidung. Falls Sie nicht ausschließlich Aktien und ETFs handeln möchten, sollten Sie sich bereits vor der Depoteröffnung informieren welche Finanzinstrumente über die verschiedenen Anbieter gehandelt werden können. Beispielsweise bietet nicht jeder Broker Optionen oder Futures an.

Die auf Sie zukommenden Kosten setzten sich aus Fixkosten, wie jährlichen Depotgebühren, und variablen Kosten, wie Transaktionsgebühren, zusammen. Darüber hinaus können, je nach Anbieter, weitere Gebühren z.B. für Verwahrung oder Courtage anfallen. Heutzutage gibt es, insbesondere unter Online-Brokern, günstige Anbieter, die den Handel von Aktien und ETFs per Flatrate oder sogar kostenlos ermöglichen.

Tipp!

Planen Sie einen regelmäßigen Sparplan für ETFs aufzusetzen, ist es sinnvoll sich bereits vor Depoteröffnung zu entscheiden welche ETFs Sie konkret besparen wollen. Einige Broker bieten kostenlose Sparpläne für bestimmte Aktions-ETFs an. Dadurch können Sie Ihre langfristige Rendite erheblich verbessern. Denken Sie an den Zinseszins!

Broker-Vergleich

Eine allgemeine Empfehlung für einen bestimmten Broker auszusprechen ist nicht möglich. Denn wie so oft hängt die Entscheidung von Ihren persönlichen Bedürfnissen ab. Hinzu kommt, dass sich Angebote und Kosten der einzelnen Anbieter laufend verändern. Die Gesamtkosten sind primär davon abhängig wie häufig Sie Transaktionen ausführen wollen und wie hoch die jeweiligen Handelsvolumina sein werden. Im Internet gibt es zahlreiche Portale, die einen Vergleich der verschiedenen Anbieter ermöglichen. Dort können Sie prüfen unter welchen Voraussetzungen welcher Broker aktuell die beste Wahl für Sie ist. Entsprechende Links finden Sie auf S. 200.

Die erste Wertpapierorder

Das Anlegen einer Order ist in etwa so einfach wie das Tätigen einer Banküberweisung. Sollten Sie Online handeln, führt Sie Ihr Broker über eine Eingabemaske durch die Transaktion.

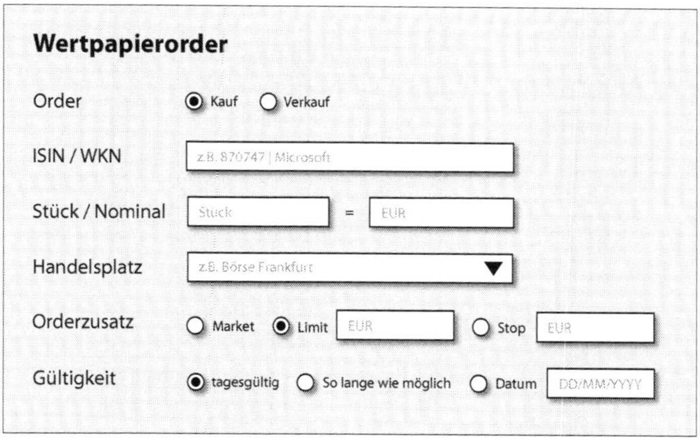

Abbildung 56: Eingabemaske einer Wertpapierorder

Der Großteil der zu machenden Angaben ist selbsterklärend, wie z.B. ob Sie ein Wertpapier kaufen oder verkaufen möchten. Durch die Eingabe der gewünschten Stückzahl errechnet der Computer automatisch das voraussichtliche Handelsvolumen, also den Gelbetrag, den Sie bei Kauf zahlen müssten bzw. bei Verkauf erhalten würden. Andersherum können Sie auch den gewünschten, zu investierenden Gesamtbetrag angeben und der Computer berechnet die entsprechende Stückzahl für Sie. Doch was hat es mit den anderen Feldern in der Eingabemaske wie ISIN und WKN auf sich und wie sind die verschiedenen Orderzusätze zu verstehen? Welchen Handelsplatz sollten Sie auswählen und wie lange sollte Ihre Order gültig sein? Diese Fragen beantworten wir auf den folgenden Seiten.

WKN, ISIN und Symbol

Wenn Sie auf Online-Finanzportalen oder auf der Webseite Ihres Broker nach dem Namen einer Aktie suchen, kann es sein, dass Sie mehrere Suchergebnisse erhalten. Dies kann einerseits daran liegen, dass ein Unternehmen mehrere Aktiengattungen ausgegeben hat (z.B. Stammaktien und Vorzugsaktien). Ein anderer möglicher Grund kann eine Zweitnotierung des Unternehmens an einer ausländischen Börse sein. Um solche Missverständnisse zu vermeiden und eine Aktie oder ein anderes Wertpapier eindeutig identifizieren zu können gibt es drei Möglichkeiten: Symbol, WKN und ISIN.

Tabelle 12: Eindeutige Identifizierung einer Aktie durch Symbol, WKN oder ISIN

Eindeutige Kennzeichnung	Beispiel Microsoft-Aktie
Symbol	MSFT
Wertpapierkennnummer (WKN)	870747
Internationale Wertpapierkennnummer (ISIN)	US5949181045

Das *Symbol* (auch *Tickersymbol*) ist ein Kürzel mit ein bis vier Buchstaben. Symbole wurden im frühen 19. Jh. in den USA eingeführt und werden dort auch heute noch verwendet. Jedes Symbol ist eindeutig und wird kein zweites Mal vergeben, auch nicht an einer anderen Börse.

In Deutschland finden Symbole kaum Beachtung. Stattdessen werden die *Wertpapierkennnummer (WKN)* oder die *Internationale Wertpapierkennnummer (ISIN)* genutzt, um Wertpapiere eindeutig zu identifizieren. Die WKN ist eine sechsstellige Ziffern- und Buchstabenkombination. Um die Jahrtausendwende wurde die 12-stellige ISIN als internationaler Standard eingeführt. Für jedes Wertpapier existieren beide Kennzeichnungen.

Handelsplatz

Die wichtigsten Handelsplätze haben wir bereits zu Anfang des Buches besprochen. Welcher davon der beste für Anleger in Deutschland ist, lässt sich pauschal nicht beantworten: Die Zusammensetzung der Kosten pro Transaktion spielt eine wichtige Rolle, variiert jedoch von Handelsplatz zu Handelsplatz. So können beispielsweise Gebühren wie Transaktions-, Handelsentgelte oder Maklercourtagen anfallen. Die Kosten ergeben sich meist aus einem festgelegten Prozentsatz des Ordervolumens und sind häufig nach unten und oben gedeckelt. Eine Prüfung vor Transaktionsausführung lohnt sich allemal.

Für Investoren, die insbesondere auf geringe Ausführungsgebühren Wert legen, bieten sich elektronische Börsen wie die Tradegate Exchange an, die keine weiteren Gebühren verlangt.[72] Während des Ordervorgangs ist es ebenso ratsam die aktuellen Kurse des Wertpapiers an verschiedenen Handelsplätzen miteinander zu vergleichen. Dabei sollten Sie auf möglichst geringe Kurse und Spreads achten.

[72] Quelle: Finanzen.net (2021), Die richtige Wahl des Börsenplatzes.

Bei Käufen bzw. Verkäufen über ausländische Börsenplätze sollten Sie stets die dortigen Öffnungszeiten beachten. Ob Sie überhaupt über ausländische Börsen Transaktionen ausführen können, hängt von Ihrem Broker ab. Jedoch ist es auch möglich viele ausländische Aktien über die deutschen Handelsplätze zu handeln. Häufig sind die Ordergebühren geringer und die Abrechnung erfolgt direkt in Euro, anstatt in einer Fremdwährung. Der Handel über eine Auslandsbörse kann jedoch sinnvoll sein, wenn dadurch eine höhere Liquidität und somit kleinere Spreads gewährleistet sind. Dies gilt häufig für kleinere, exotischere Aktien der Fall, die an deutschen Börsen zu geringe Handelsvolumina aufweisen oder überhaupt nicht handelbar sind.

Orderzusätze

Die wichtigsten Orderzusätze sind *Market-Orders*, *Limit-Orders* und *Stop-Orders*. Darüber hinaus gibt es weitere Ordertypen, die teils Unterarten dieser drei Zusätze darstellen.

Market-Orders

Eine *Market-Order* führt eine Transaktion zum nächstmöglichen Kurs aus. Sie kaufen das Wertpapier also zum aktuell geringstmöglichen bzw. veräußern es zum aktuell höchstmöglichen Preis. Der Vorteil einer Market-Order ist, dass sie typischerweise sehr schnell ausgeführt wird. Für Wertpapiere, die weniger häufig gehandelt werden, kann dies jedoch zum Nachteil werden, da eben jeder nächstmögliche Preis akzeptiert wird. Bei hohen Spreads oder volatilen Kursen kann es also vorkommen, dass der Ausführungskurs stärker von Ihrem Wunschkurs abweicht als Ihnen lieb ist.

Limit-Orders

Um solche Überraschungen zu vermeiden, bieten sich *Limit-Orders* an. Beim Kauf stellt das Limit den Maximalpreis dar, den der Käufer bereit ist zu zahlen. Beim Verkauf ist das Limit der minimale Kurs, den der Verkäufer erzielen möchte. Grundsätzlich ist es empfehlenswert Limits zu setzen, insbesondere beim Handel von Titeln, die weniger häufig den Besitzer wechseln oder besonders starken Kursschwankungen unterliegen. Seien Sie sich jedoch bewusst, dass es möglich ist, dass Ihr angegebenes Limit nicht erreicht wird und die Transaktion somit nicht zustande kommt.

Stop-Orders

Mithilfe von *Stop-Orders* können sich Anleger gegen Kursverluste absichern oder angehäufte Buchgewinne schützen. Es wird unterschieden zwischen *Stop-Loss-Orders* und *Stop-Buy-Orders*.

Für Stop-Loss-Orders müssen Anleger ein *Stop-Limit* festlegen, bei dessen Erreichen bzw. Unterschreitung der Verkauf eines Wertpapiers automatisch ausgelöst wird. Stellen Sie sich vor, Sie halten eine Aktie mit einem aktuellen Kurs von 100 € und haben ein Stop-Loss-Limit von 90 € eingestellt. Fällt Ihre Aktie nun auf bzw. unter die Schwelle von 90 €, wird das Wertpapier automatisch verkauft. Stop-Loss-Orders sind daher ein beliebtes Mittel zur Verlustbegrenzung. Stop-Buy-Orders funktionieren genau andersherum: Hier wird ein Kauflimit angeben, bei dessen Erreichen bzw. Überschreiten automatisch ein Kauf ausgelöst wird. Stop-Buy-Orders können genutzt werden, wenn ein Anleger mit seinem Einstieg das Erreichen einer bestimmten Kursmarke abwarten will, die er als eindeutiges Kaufsignal deutet.

Ein Nachteil von Stop-Orders ist, dass auch kurzfristige Kursschwankungen zu einer Ausführung der Order führen können, da bereits eine sehr kurzzeitige, vorübergehende „Berührung“ des Stop-Limits innerhalb eines Handelstages die Order auslöst. Folglich sollten Stops nicht zu „eng“ gewählt werden, da ansonsten die Gefahr besteht ungewollt „ausgestoppt“ zu werden und so Verluste zu realisieren, die man andernfalls „ausgesessen“ hätte. Gleichzeitig ist es wichtig zu wissen, dass auch Stop-Orders nicht immer vor unerwarteten Verlusten schützen können, nämlich dann nicht, wenn unzureichende Liquidität am Markt vorhanden ist. Sollten beispielsweise sehr viele Marktteilnehmer gleichzeitig verkaufen wollen, aber zu wenige Akteure auf der Kaufseite positioniert sein, kann es dazu kommen, dass nicht alle Transaktionen ausgeführt werden können. In diesem Fall würden einige Verkäufer auf Ihren Wertpapieren sitzen bleiben oder erst deutlich später und zu deutlich schlechteren Kursen als geplant verkaufen können.

Klassische Stop-Orders führen bei Erreichen des Verkaufs- bzw. Kauflimits eine Market-Order aus. Daher werden diese auch *Stop-Market-Order* genannt. Eine Sonderart sind *Stop-Limit-Orders*, die nach Erreichen des Verkaufs- bzw. Kauflimits statt einer Market-Order eine Limit-Order ausführen. Sofern dieser Orderzusatz angeboten und ausgewählt wird, muss der Anleger beide Limits (das Stop-Limit und das Limit der Limit-Order) in der Eingabemaske festlegen.

Darüber hinaus gibt es noch weitere Unterarten von Stop-Orders wie beispielsweise *Trailing-Stop-Orders*, die als *Trailing-Stop-Loss-Orders* das Stop-Limit bei steigenden Kursen automatisch nach oben nachziehen. Fällt der Aktienkurs hingegen, bleibt der Stop-Kurs konstant. Hierzu wird ein weiterer Wert angegeben, genannt *Trailing-Stop*. Dieser wird entweder in Prozent oder absolut zum Kurs des Wertpapiers angegeben. Der Vorteil für den Anleger ist, dass die gesetzten Stop-Limits bei steigenden Kursen nicht andauernd manuell angepasst werden müssen. *Trailing-Stop-Buy-Orders* funktionieren analog dazu in die andere Richtung.

Merke!

Market-Orders sind Transkationen, die schnellstmöglich zum nächsten zustande kommenden Kurs ausgeführt werden. *Limit-Orders* legen den minimalen bzw. maximalen Preis fest, für den ein Investor bereit ist zu verkaufen oder zu kaufen. Mit *Stop-Orders* können Anleger Kursschwellen festlegen, bei deren Erreichen automatisch eine Kauf- bzw. Verkaufsorder ausgelöst wird und sich so vor überraschenden Kursrutschen und Verlusten schützen.

Ordergültigkeit

Die *Ordergültigkeit* spielt insbesondere bei Limit- und Stop-Orders eine Rolle. Sie gibt an, wie lange eine Wertpapierorder im Orderbuch bestehen bleibt bis sie verfällt. Sofern eine Order bis dahin nicht ausgeführt werden konnte, wird sie nach Ablauf ihrer Gültigkeit automatisch gelöscht. Häufig ist „tagesgültig“ die Standardeinstellung. Achten Sie darauf die Gültigkeit nach Ihren Bedürfnissen anzupassen, insbesondere wenn Sie weniger liquide Wertpapiere handeln oder Stop-Orders anlegen.

Was gibt es steuerlich zu beachten?

Kapitalerträge, also z.B. Dividenden oder gewinnbringende Verkäufe von Wertpapieren, sind in Deutschland steuerpflichtig. Genau wie Guthabenzinsen auf dem Sparkonto unterliegen sie einer *Kapitalertragsteuer* von aktuell 25%. Hinzu kommen Solidaritätszuschlag[73] und ggf. Kirchensteuer, sodass die Gesamtabgaben auf bis zu knapp unter 28% steigen können. Realisierte Verluste, beispielsweise, wenn Sie eine Aktie unterhalb des einstigen Kaufkurses verkaufen, sind jedoch gegen Ihre Kapitalerträge anrechenbar und verringern den zu versteuernden Betrag. Klingt kompliziert? Die gute Nachricht ist, dass in Deutschland ansässige Broker alle fälligen Abgaben automatisch berechnen und ohne Ihr Zutun direkt an das Finanzamt abführen.

Sparer-Pauschbetrag und Freistellungsauftrag

In Deutschland gilt zudem ein Freibetrag für Einkünfte aus Kapitalerträgen, der sog. *Sparer-Pauschbetrag*. Für steuerlich einzelveranlagte Personen liegt dieser im Jahre 2021 bei 801 € pro Kalenderjahr bzw. bei 1.602 € für zusammenveranlagte Personen. Erst für Erträge über diesem Freibetrag werden Abgaben an den Fiskus fällig. Um vom Sparer-Pauschbetrag zu profitieren, können Sie bei Ihrem Depotanbieter einen sog. *Freistellungsauftrag* einreichten, damit dieser den Freibetrag berücksichtigt und nicht zu viele Steuern an das Finanzamt abführt. Die Einrichtung des Freistellungsauftrag ist i.d.R. online mit ein paar Klicks erledigt. Sollten Sie vergessen haben einen Freistellungsauftrag

[73] Sie dachten der „Soli" wurde abgeschafft? Jein. Für Kapitalerträge besteht er derzeit weiterhin in unveränderter Höhe.

anzulegen, keine Sorge: Sie können sich die zu viel gezahlten Abgaben über Ihre Steuererklärung zurückholen.

Steuererklärung und Anlage KAP

Da die fälligen Zahlungen von deutschen Brokern direkt an den Fiskus abgeführt werden, ist die Abgabe der *Anlage KAP* im Zuge Ihrer Steuererklärung in den meisten Fällen nicht nötig. Unter bestimmten Umständen kann dies jedoch erforderlich bzw. vorteilhaft sein. Verpflichtend ist die Abgabe der Anlage KAP beispielsweise, wenn Sie ein Depot im Ausland haben. Vorteilhaft kann eine freiwillige Erklärung sein, wenn Sie vergessen haben einen Freistellungsauftrag einzurichten oder Ihr persönlicher Einkommenssteuersatz weniger als 25% beträgt. Im letzteren Fall könnten Sie über die Steuererklärung eine *Günstigerprüfung* beantragen was Ihre Abgaben verringern könnte. Darüber hinaus können sich weitere Vorteile wie z.B. über den Altersentlastungsbetrag ergeben.

Wichtig ist es immer Ihre persönliche finanzielle und steuerliche Situation zu betrachten. Halten Sie daher Rücksprache mit Ihrem Anlage- bzw. Steuerberater, denn eine solche Beratung kann dieses Buch nicht leisten.

Schlusswort

Denken Sie nach!

Wir Menschen verbringen viel Zeit damit zu nachzudenken. Wir lieben es zu analysieren, zu planen und zu diskutieren. Die Themen des Alltags reichen von der bevorstehenden Geburtstagsfeier über den zu planenden Sommerurlaub bis hin zur Gestaltung des abendlichen Fernsehprogramms. Viel zu selten jedoch verwenden wir auch nur einen Gedanken an unsere Geldanlage. Dabei ist es fahrlässig dies nicht zu tun und unser Kapital stattdessen ertraglos auf dem Girokonto zu „lagern“. Je früher Sie damit anfangen, desto besser.

Finden Sie geeignete Investitionen!

Vergessen Sie nie, dass Sie als Aktionär Eigentümer eines Unternehmens werden. Nehmen Sie sich vor jedem Kauf die benötigte Zeit und machen Sie Ihre Hausaufgaben. Größere private Anschaffungen, wie eine Wohnung oder ein neues Auto tätigen Sie auch nicht ohne sich vorher genau zu informieren. Jede Investitionsentscheidung will ebenso gut überlegt sein.

Das Leben als Investor gleicht manchmal einer Achterbahnfahrt. Um dennoch ruhig schlafen zu können, sollten Sie versuchen Ihre Emotionen aus dem Spiel zu nehmen. Dies wird Ihnen nur mit einer erträglichen Anlagestrategie gelingen. Erinnern Sie sich an die vorgestellten Strategien und evaluieren Sie welche davon, oder welche Kombination daraus, am besten zu Ihnen passt. Werden Sie sich bewusst über Ihren Anlagehorizont und Ihre persönliche Risikoaffinität. Formulieren Sie Ihre Anlageziele und berücksichtigen Sie, was Sie in diesem Buch gelernt haben, wie die Grundlagen der Fundamentalanalyse und der Charttechnik.

Denken Sie an die großen Trends, denen unsere Welt ausgesetzt ist und erstellen Sie Ihr persönliches Portfolio. Je nach erwarteter Rendite und Ihrer Bereitschaft mehr oder weniger Zeit zu investieren, setzen Sie dabei vermehrt auf Aktien, ETFs oder andere Anlageprodukte. Sowohl für aktives Stock Picking als auch für passive Investitionen in einen Index gilt dabei gleichermaßen, dass langfristig erfolgreiches Investieren am ehesten über eine breit gestreute, weltweite Geldanlage zu erreichen ist. Überprüfen Sie Ihr Portfolio in regelmäßigen Abständen: Treffen die einstigen Auswahlkriterien noch immer auf die Titel in Ihrem Depot zu? Sind diese fair bzw. unterbewertet und würden Sie dieselben Wertpapiere zum aktuellen Kurs wieder kaufen? Wenn nicht, ist es womöglich Zeit sich von ihnen zu trennen und nach neuen Kaufkandidaten Ausschau zu halten.

Was auch immer passiert: Bleiben Sie unabhängig, hören Sie nicht unreflektiert auf Andere, sondern nutzen Sie Ihr Gehirn und denken Sie nach.

Viel Erfolg!

Weiterführende Informationsquellen

Im Folgenden möchte ich Ihnen eine Auswahl hilfreicher Webseiten und Zeitschriften vorstellen. Deutschsprachige Informationsquellen sind mit DE und englischsprachige mit EN gekennzeichnet. Meine persönlichen Favoriten habe ich mit einem Stern ★ versehen.[74]

Webseiten

Depot-Vergleiche

Im Internet finden Sie zahlreiche Angebote für kostenlose Depot-Vergleiche. Hier eine kleine Auswahl für Depots in Deutschland:

Finanzen.net | DE
https://www.finanzen.net/online-broker-vergleich

Handelsblatt | DE ★
https://www.handelsblatt.com/vergleich/online-broker-vergleich/

Süddeutsche | DE
https://www.sueddeutsche.de/vergleich/depot/online-broker/

[74] Für die Inhalte Dritter übernimmt der Autor keine Haftung, da er sich diese nicht zu eigen macht, sondern lediglich auf deren Stand zum Zeitpunkt der Erstveröffentlichung dieses Buches verweist.

Depot-Vergleiche mit Schwerpunkt ETFs:

extraETF | DE
https://de.extraetf.com/etf-broker

justETF | DE ★
https://www.justetf.com/de/online-broker-vergleich

Börsenportale

Auf den folgenden Webseiten finden Sie u.a. aktuelle Aktienkurse, Charts und Kennzahlen sowie die wichtigsten Börsennachrichten.

Börse-Online | DE
https://www.boerse-online.de/

finanzen.net | DE ★
https://www.finanzen.net/

Finanzen100 | DE
https://www.finanzen100.de/

Finanztreff | DE ★
https://www.finanztreff.de/

FinanzNachrichten.de | DE
https://www.finanznachrichten.de/

Investor's Business Daily | EN ★
https://newhome.investors.com/

onvista | DE
https://www.onvista.de/

Yahoo finance | EN ★
https://finance.yahoo.com/

Wirtschafts- und Börsennachrichten

Auf diesen Internetseiten finden Sie die wichtigsten Nachrichten sowie ausführlichere Berichte, Einschätzungen und Analysen zu den Themen Aktien, Börse und Wirtschaft.

Der Aktionär | DE ★
https://www.deraktionaer.de/

Focus Money | DE
https://www.focus.de/finanzen/boerse/

Handelsblatt | DE ★
https://www.handelsblatt.com/

Investor's Business Daily | EN
https://newhome.investors.com/

Welt | DE
https://www.welt.de/wirtschaft/

Weiterbildung Aktien und Börse

Auf diesen Seiten finden Sie weiterführende Erklärungen zu den Themen Aktien und Börse im Allgemeinen.

Börsenlexikon boerse.de | DE
https://www.boerse.de/boersenlexikon/

FAZ.NET Börsenlexikon | DE
https://boersenlexikon.faz.net/

Investopedia | EN ★
https://www.investopedia.com/

Weiterbildung ETFs

Auf diesen Seiten finden Sie weiterführende Informationen zum Thema ETFs – von Grundlagen bis zur ETF-Suchmaschine.

ETF Database | EN
https://etfdb.com/

etf.com | EN
https://www.etf.com/

extraETF | DE
https://de.extraetf.com/

justETF | DE ★
https://www.justetf.com/de/

Aktien-Screener

Finanzen.net | DE
https://www.finanzen.net/aktien/aktien_suche.asp

Finviz | EN ★
https://finviz.com/screener.ashx

Investing.com | DE
https://de.investing.com/stock-screener/

MarketScreener | DE
https://de.marketscreener.com/tools/stock-screener/

MarketWatch | EN
https://www.marketwatch.com/tools/stockresearch/screener/

StockCharts | EN
https://stockcharts.com/def/servlet/SC.scan

TradingView | DE
https://de.tradingview.com/screener/

Yahoo! Finanzen | EN ★
https://de.finance.yahoo.com/screener/

Zeitschriften

Börse Online | DE
https://www.finanzenverlag.de/inhalt/printmedien/boerse-online.php

Der Aktionär | DE ★
https://www.boersenmedien.de/deraktionaer/

€uro | DE
https://www.finanzenverlag.de/inhalt/printmedien/euro.php

Focus Money | DE
https://www.focus-magazin.de/focus-money

Handelsblatt | DE ★
https://www.handelsblatt.com/angebot/

Investor's Business Daily | EN
https://get.investors.com/ibd/ibd-digital-and-print/

Literatur

BECKER, PHILIPP M.: Asset Allocation Framework. Investing in Microfinance. Gabler, 2010.

BOGLE, JOHN C.: The Little Book of Common Sense Investing: The Only Way to Guarantee Your Fair Share of Stock Market Returns, Wiley, 2017.

BROWNE, CHRISTOPHER H.: The Little Book of Value Investing, Wiley, 2006.

GRAHAM, BENJAMIN et al.: The Intelligent Investor: The Definitive Book on Value Investing. A Book of Practical Counsel, Harper Business, 2006.

GREENBLATT, JOE: The Little Book That Beats the Market, Wiley, 2005.

HAASE, SEBASTIAN: Professionelle und institutionelle Investoren. Der Dispositionseffekt als relevantes Anlegerverhalten: Einführung in die Erklärungsansätze und in die empirischen Befunde. Springer Gabler, 2016, S. 29–32.

HELLER, GOTTFRIED: Der einfache Weg zum Wohlstand: Mehr verdienen, weniger riskieren und besser schlafen, FinanzBuch Verlag, 2015.

HOUSEL, MORGAN: The Psychology of Money: Timeless lessons on wealth, greed, and happiness, Harriman House, 2020.

KELLY, JASON: The Neatest Little Guide to Stock Market Investing, Plume, 2007.

KOSTOLANY, ANDRÉ: Der große Kostolany, ECON Verlag, München, 2001.

LEVENSON, THOMAS: Money for Nothing: The Scientists, Fraudsters, and Corrupt Politicians Who Reinvented Money, Panicked a Nation, and Made the World Rich, Random House, 2020.

LYNCH, PETER: Beating the Street, Simon & Schuster, 1994.

MALKIEL, BURTON G.: A Random Walk Down Wall Street: The Time-Tested Strategy for Successful Investing, W. W. Norton & Company, 2019.

MARKOWITZ, HARRY M.: Portfolio Selection. The Journal of Finance, Vol. 7, Nr. 1. 1952, S. 77-91.

MLADJENOVIC, PAUL: Stock Investing, For Dummies, 2020.

O'NEIL, WILLIAM J. Wie man mit Aktien Geld verdien, Börsenbuchverlag, 2014.

PINDYCK, ROBERT S. & RUBINFELD, DANIEL L.: Mikroökonomie, Pearson Studium, 2018.

SHEFRIN, HERSH & STATMAN, MEIR: The Disposition to Sell Winners Too Early and Ride Losers Too Long: Theory and Evidence. In: The Journal of Finance, Vo. 40, Nr. 3, 2002.

WIEHLE, U. et. al: Finanzprodukte für Privatanleger, Cometis, 2005.